오천년 우리 도읍지

《오천 년 우리 도읍지》는 초등학교 교과서의 이런 단원과 관련이 깊어요.

 **4학년 1학기 국어**
  5. 알아보고 떠나요
    〈서울의 궁궐〉
  7. 넓은 세상 많은 이야기
    〈내 마음을 사로잡은 경주〉

 5학년 2학기 사회
  3. 우리 겨레의 생활 문화
    (2) 민속을 통해 본 조상들의 삶

 6학년 1학기 사회
  1. 우리 민족과 국가의 성립
    (1) 하나로 뭉친 겨레
    (2) 민족을 다시 통일한 고려
    (3) 유교를 정치의 근본으로 삼은 조선

오십 빛깔 우리 것 우리 얘기 ⑮

오천 년 우리 도읍지

우리누리 글 • 강희준 그림

주니어 중앙

추천의 말

어린이가 꿈을 키우는 터전

꿈 많은 어린 시절엔 장대한 역사와 위대한 문화유산에 관한
책을 읽는 것이 좋다.
거기에는 어린이가 꿈을 키우는 터전이 있기 때문이다.
감수성 예민한 어린 시절엔 흥미로운 그림을 통하여
재미있게 이야기를 풀어간 책이 좋다.
그것은 시각적 인식을 통해 어린이의 상상력을 자극하기 때문이다.
『오십 빛깔 우리 것 우리 얘기』는 이런 필요조건을 갖춘
고급 어린이 교양도서라 할 만한 것이다.

유홍준
(전 문화재청장, 현 명지대 교수,
『나의 문화유산 답사기』 저자)

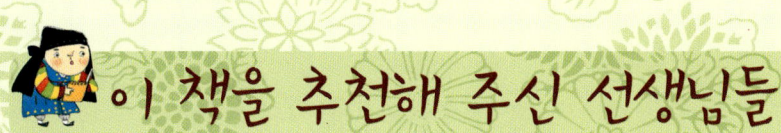
이 책을 추천해 주신 선생님들

● 전래놀이, 풍속과 관련된 수업에 활용하고 있습니다. 옛 풍속과 관련해서 요즘에는 잘 사용하지 않는 용어들이 있어서 아이들이 어려워하는데, 이 책에는 사진 자료와 함께 쉽고 정확하게 설명이 되어 있어 아이들이 이해하기 쉽게 되어 있습니다. — 손영수 선생님(가사초등학교)

● 아이들이 우리의 전통문화를 쉽게 접할 수 있도록 도움을 주는 소중한 자료입니다. 우리 학교의 독서 퀴즈 대회에서 매년 사용하는 책이랍니다. — 성주영 선생님(도당초등학교)

● 우리의 옛 풍습과 문화, 관혼상제 등에 대해 자세히 설명되어 있어 수업을 하기 전에 미리 읽어 오라고 하는 도서입니다. — 전은경 선생님(용산초등학교)

● 우리의 문화와 역사를 초등학생들이 이해하기 쉽도록 재미있는 옛이야기로 풀어낸 점이 가장 마음에 듭니다. 초등 교과와 연계된 부분이 많아 학교 수업에 많이 활용하는 도서입니다. — 한유자 선생님(삼일초등학교)

김임숙 선생님(팔달초)	조윤미 선생님(화양초)	이경혜 선생님(군포초)	염휴경 선생님(지동초)
오재민 선생님(조원초)	박연희 선생님(우이초)	박혜미 선생님(대평중)	이진희 선생님(수일초)
최정희 선생님(온곡초)	정경순 선생님(시흥초)	박현숙 선생님(중흥초)	김정남 선생님(외동초)
이광란 선생님(고리울초)	김명순 선생님(오목초)	신지연 선생님(개포초)	심선희 선생님(상원초)
문수진 선생님(덕산초)	정지은 선생님(세검정초)	정선정 선생님(백봉초)	김미란 선생님(둔저초)
김미정 선생님(청덕초)	조정신 선생님(서신초)	김경아 선생님(서림초)	김란희 선생님(유덕초)
정상각 선생님(대선초)	서흥희 선생님(수일중)	윤란희 선생님(안산시근로자시민문화센터어린이도서관)	

『오십 빛깔 우리 것 우리 얘기』를 펴내며
향기를 오롯이 담아낸 그릇

　『오십 빛깔 우리 것 우리 얘기』 시리즈가 처음 출간된 지 어느덧 16년이 되었습니다. 그동안 수많은 어린이와 부모님, 그리고 선생님들의 사랑을 받으며 전 50권이 완간되었고, 어린이 옛이야기 분야의 고전(古典)이자 스테디셀러로 굳건히 자리매김해 왔습니다.

　이 시리즈는 '소중히 지켜야 할 우리 것'에 대한 이야기를 어린이를 위해 '쉽고 재미있게' 풀어쓴 책입니다. 내용으로는 선조들의 생활과 풍습 이야기, 문화재와 발명품 이야기, 인물과 과학기술·예술작품 이야기, 팔도강산과 고유 동식물 이야기 등 우리나라 역사와 전통문화 모든 영역을 총망라하고 있습니다. 그리고 이를 50가지 주제로 엮어 저학년 어린이도 얼마든지 볼 수 있도록 맛깔나는 옛이야기로 담아냈습니다. 장대한 역사와 위대한 문화유산을 배우기에 옛이야기만큼 좋은 형식도 없기 때문입니다.

　대한민국 국민으로서 알아야 하고 전해야 할 우리 것, 우리 얘기는 아주 많습니다. 그동안 이 시리즈를 통해 많은 어린이가 우리 것을 알게 되고, 우리 얘기를 사랑하게 되었을 것입니다. 시간이 흘러도 역사와 전통문화의 향기는 변하지 않기 때문입니다.

하지만 저희는 그 향기를 담아내는 그릇이 그간 색이 바래고 빛을 잃었다는 사실에 가슴이 아프고 안타까웠습니다. 그래서 책에서 전하는 우리 것의 향기를 오롯이 담아낼 수 있는 새로운 그릇을 찾고자 하였습니다. 그 그릇을 통해 향기가 더욱 그윽해지고 멀리까지 퍼져서 수백 년, 수천 년 전의 우리 것이 오늘날에도 살아 숨 쉴 수 있도록 생명력을 주고자 하였습니다.

이에 몇 가지 원칙을 가지고 『오십 빛깔 우리 것 우리 얘기』 시리즈를 새롭게 출간하게 되었습니다.

◎ 원작이 가지는 옛이야기의 맛과 멋을 그대로 살렸습니다.
◎ 요즘 독자들의 감각에 맞추어 디자인과 그림을 50권 전권 전면 개정하였습니다.
◎ 교과 학습의 길잡이가 될 수 있도록 연계 교과를 표시하였습니다.
◎ 학습정보 코너는 유익함과 재미를 함께 줄 수 있도록 4컷 만화, 생생 인터뷰, 묻고 답하기 등으로 내용을 재구성하였고, 최신 정보와 사진을 수록하였습니다.
◎ 도표, 연표, 역사신문, 체험학습 등으로 권말부록을 풍성하게 꾸며서 관련 교과 학습을 강화하였습니다.

이 책을 처음 읽었을 8살 꼬마 독자는 지금쯤 나라와 민족에 긍지를 가진 25살 자랑스러운 대한민국 청년이 되었을 것입니다. 그 청년이 부모가 되어서도 자녀에게 다시 권할 수 있는 그런 책이 되기를 바라며, 이 시리즈를 오십 빛깔 그릇에 정성껏 담아 내어놓습니다.

2010년 가을 주니어중앙

아사달에서 한양까지, 오천 년 우리 도읍지

누가 여러분에게 "대한민국의 수도는 어디인가요?"라고 물으면 어떻게 대답하나요?

아마도 매우 자신 있게 '서울'이라고 말할 수 있을 거예요. 맞아요. 우리나라의 수도는 서울이에요. 그럼 왜 많은 도시들 가운데 서울을 수도로 정했을까요? 서울 말고도 부산, 광주, 대전, 대구 등 다른 큰 도시들도 있는데 말이에요. 또 서울은 언제부터 우리나라의 수도였을까요?

대한민국 전에 우리나라는 여러 가지 이름으로 불렸어요. 오랜 역사를 지나는 동안 우리나라 곳곳에는 크고 작은 여러 나라들이 세워졌고, 멸망하기도 했거든요. 우리 땅에 세워졌던 각 나라들은 그 나라의 대표가 될만한 마을이나 도시를 정해서 그곳을 중심으로 발전해 왔어요. 그곳을 바로 도읍지라고 해요.

새로운 나라가 세워질 때마다 각 나라의 임금들은 어디를 도읍으로 삼

　을지 고민을 많이 했다고 해요. 그만큼 도읍지는 나라의 발전에 매우 중요한 역할을 했지요. 도읍지는 그 나라의 심장이라고 할 수 있어요.
　우리나라에 세워졌던 각 나라의 도읍지가 어디였는지, 왜 그곳을 도읍으로 삼아야 했는지를 알면 역사를 이해하는 데 큰 도움이 된답니다. 아마 그것을 알게 되면 우리 조상들의 생활과 지혜도 자연스럽게 깨닫게 될 거예요.
　자, 그럼 고조선부터 오늘날 대한민국에 이르기까지 우리나라의 도읍지가 되었던 곳을 알아볼까요? 그곳들은 지금과는 다른 이름으로 불렸기 때문에 조금은 낯설지도 몰라요. 하지만 지금도 그곳에 가면 옛날의 유적들이 남아 있어 옛 도읍지의 훌륭하고 멋진 모습을 떠올리게 한답니다.

어린이의 벗 우리누리

차례

🏛 **태양이 뜨는 자리에서 번성한 고조선** 12
백두 낭자·한라 도령과 함께 찾아가는 우리 옛 도읍지
단군왕검이 찾았던 신성한 우리 산 22

🏛 **남북으로 기운차게 뻗어 간 고구려** 24
백두 낭자·한라 도령과 함께 찾아가는 우리 옛 도읍지
고구려를 보호하던 웅대한 성벽 34

🏛 **화려한 문화를 꽃피운 철의 나라 가야** 36
백두 낭자·한라 도령과 함께 찾아가는 우리 옛 도읍지
수로왕이 태어난 김해 구지봉 46

🏛 **몰락과 번영을 함께 누린 백제** 48
백두 낭자·한라 도령과 함께 찾아가는 우리 옛 도읍지
백제 무왕의 숨결이 느껴지는 궁남지 58

🏛 **한 도읍에서 이룬 천 년의 역사 신라** 60
백두 낭자·한라 도령과 함께 찾아가는 우리 옛 도읍지
신라 천 년 역사의 끝을 알린 포석정 70

아시아의 모든 길을 연결했던 발해 72
백두 낭자·한라 도령과 함께 찾아가는 우리 옛 도읍지
발해의 역사를 알려 주는 정효 공주 무덤 82

한반도 서남쪽에서 백제를 이은 후백제 84
백두 낭자·한라 도령과 함께 찾아가는 우리 옛 도읍지
견훤의 발자취가 느껴지는 동고산성 94

강원도 땅에서 통일을 꿈꾼 후고구려 96
백두 낭자·한라 도령과 함께 찾아가는 우리 옛 도읍지
궁예의 슬픔이 서려 있는 명성산 106

상업이 발달했던 활기찬 나라 고려 108
백두 낭자·한라 도령과 함께 찾아가는 우리 옛 도읍지
한때 고려의 도읍지였던 강화 고려 궁지 118

한양에 세워진 위풍당당한 나라 조선 120
백두 낭자·한라 도령과 함께 찾아가는 우리 옛 도읍지
조선 시대 대표적인 궁궐인 경복궁 130

부록
교과가 튼튼해지는 우리 것 우리 얘기 132
오천 년 우리 도읍지를 지킨 도성들

태양이 뜨는 자리에서 번성한 고조선

"저기 좀 봐. 저 아이 말이야."

"참 의젓하기도 하지. 번듯하게도 생겼네."

환웅과 웅녀의 아들인 단군은 어릴 때부터 남달랐어요. 지혜롭고 용맹스러우며 성품이 어진 훌륭한 소년이었지요. 나이가 들수록 그러한 성품과 자질은 더욱 빛을 발했어요.

"과연 하늘나라를 다스리는 환인의 손자답군."

사람들은 단군에게 머리를 숙이며 존경을 표시했어요.

이때는 한 마을에 사는 모든 사람들이 힘을 모아 농사를 짓던 청

동기 시대였어요. 집들이 모여 있는 마을 주변에는 울타리를 둘러 이웃 마을과 구분이 되게 했지요.

한 마을에 사는 사람들은 함께 농사를 짓고 동물을 길렀어요. 그런데 마을 사람들이 잘 살려면 농사짓기에 좋은 땅이 있어야 했지요. 그래서 좋은 땅을 차지하기 위해 마을 간의 싸움도 자주 벌어졌어요.

싸움에 나갈 때면 사람들은 청동으로 무기를 만들었어요. 구리와 주석을 녹여 쇳물을 만든 뒤, 돌로 만든 거푸집에 부어 쇳물이 식으면 꺼내어 검으로 다듬었답니다. 이것이 청동 무기였어요.

이웃 마을의 재물이나 땅을 얻고자 할 때는 마을의 젊은 남자들이 무기를 들고 나가 싸움을 벌였어요. 또 마을 입구에는 높은 망루를 만들고 보초를 세워 다른 마을이 쳐들어오지 않는지 감시를 했어요.

"뿌우! 뿌우!"

망루에 올라가 망을 보던 사람이 나팔을 불기 시작했어요.

"산속 마을 사람들이 쳐들어왔다!"

산속 마을 사람들은 돌과 청동 무기를 들고 와 싸움을 걸었어요. 산속 마을은 농사를 지을 만한 땅이 적고, 그나마 있는 땅조차

비옥하지 않아 새로운 땅이 더 필요했거든요. 기껏해야 몇 명 되지 않는 두 마을 사람들의 싸움은 그리 오래가지 않고 끝났어요.

싸움에서 이긴 건 산속 마을 사람들이었어요. 싸움에서 진 마을의 사람들은 땅을 모두 빼앗기고, 산속 마을 사람들의 노예가 되어 일을 해야 했지요.

어느 날, 청년이 된 단군이 길을 지나다가 두 마을이 서로 싸움을 하는 모습을 보게 되었어요.

'저렇게 작은 마을들끼리 아옹다옹 다투어 봤자 무슨 소용이란 말인가. 싸움에 쓰는 힘이 아까워. 무슨 좋은 방법이 없을까?'

단군은 곰곰이 생각에 잠겼어요.

'그래! 작은 마을들을 하나로 합쳐 나라를 세우는 거야. 모두가 한 나라의 백성이 된다면 굳이 다른 마을을 차지하려고 싸우지 않아도 되잖아. 또 다른 민족들이 쳐들어올 때 훨씬 더 강하게 맞설 수 있을 거야.'

단군은 나라를 세우기로 마음 먹었어요. 그리고 많은 사람들이 그런 단군을 따랐어요. 사람들은 단군이 나라를 세우고 지도자가 되기에 충분하다고 생각했거든요.

"인품이 뛰어나고 용맹스러운 단군이 우리의 지도자가 된다면

두려울 것이 없을 거야."

"아무렴, 그렇고말고. 하늘이 내린 지도자가 아닌가."

단군은 어느 곳에 나라의 도읍을 정할지 고민했어요. 도읍지는 나라의 중심에 있으면서, 다른 민족이 쳐들어와도 잘 막을 수 있는 곳이어야 했지요.

'백성들이 모여 살기에 알맞고, 나라를 잘 다스릴 수 있는 곳이

어디일까?'

단군은 여기저기를 돌아다니다가 평양성 근처에 이르렀어요.

'이곳은 강을 끼고 있어 외적이 함부로 쳐들어올 수 없겠군. 뱃길을 이용하면 오고 가기도 쉽고, 산을 끼고 있어서 북쪽에서 불어오는 겨울바람을 막을 수도 있겠어. 터도 넓으니 들에서 곡식을 많이 얻을 수 있겠는걸.'

마침내 단군은 평양성에 도읍을 정했어요. 이곳에서 단군은 큰 제사를 올리고 나라의 이름을 조선이라고 지었어요. 평양성에서 나라의 기틀을 마련한 단군왕검은 더욱 나라를 발전시켰어요.

그 뒤 나라의 땅은 점점 넓어져서 중국의 만주 일대와 발해만까지 이르렀어요. 백성들은 기름진 땅에서 부지런히 농사를 짓고 하늘에 제사를 드리며 풍요로운 삶을 누렸지요.

그렇게 나라를 세우고 하루하루 번성해 가던 어느 날, 단군왕검은 백악산 아사달이라는 곳에서 아침을 맞이했어요. 하늘이 열리자, 하늘 가운데에서 붉은 해가 떠올라 단군왕검의 머리를 비추었어요. 그 모습은 무척이나 신비롭고 웅장했어요.

"여기야말로 진정 태양이 뜨는 자리로구나. 내 이곳으로 도읍을 옮겨 이 나라를 더욱 번성시킬 것이다."

아사달은 옛날 우리나라 말로 '해가 뜨는 아침의 땅'이라는 뜻이에요. 가장 먼저 해가 뜨는 자리이기 때문에 단군왕검이 정한 조선이라는 나라의 이름과 꼭 맞아떨어지는 곳이었지요.

"이 땅을 비추는 태양이 영원히 빛나듯, 이 나라 조선 또한 영원히 번성하도록 해 주소서."

단군왕검은 아사달에서 하늘에 큰 제사를 올

렸어요. 백성들도 함께 모여 한마음으로 정성껏 제사를 올렸지요.

청동 거울을 목에 걸고 청동 검을 든 단군왕검의 모습은 모두가 우러러볼 만큼 훌륭했어요. 이때의 청동 거울은 지금의 거울처럼 사물을 비추기 위한 것이 아니라 제사를 지낼 때 썼던 장신구였지요. 태양을 모시던 당시 사람들에게 둥근 청동 거울은 곧 해를 뜻했어요. 청동 거울에 찬란한 햇빛이 비출 때면, 단군왕검은 마치 해를 품은 것처럼 위대해 보였답니다.

아사달은 무려 1500년 동안 고조선의 도읍지였어요. 태양이 뜨는 자리라는 이름을 가진 만큼 그곳에서 고조선은 오랜 세월 번영을 누렸지요. 그 뒤 단군왕검은 장당경으로 한 차례 더 도읍을 옮겨 나라를 다스리다가 다시 아사달로 돌아와 산신이 되었는데, 이때 단군왕검의 나이가 이미 1908세였다고 해요.

사람이 어떻게 그렇게 오래 살 수 있느냐고요? 그것은 단군왕검의 뜻을 살펴보면 이해할 수 있어요. '단군'은 제사를 도맡아 지내는 제사장이란 뜻이고, '왕검'은 나라를 다스리고 정치를 하는 사람이라는 뜻이에요. 따라서 단군왕검은 한 사람의 이름이라기보다는 정치와 제사를 도맡았던 지배자를 뜻하는 말인 거예요. 그러니까 여러 단군왕검이 대를 이어 나라를 다스렸다고 볼 수 있어요.

  그렇다면 아사달은 정확히 지금의 어디일까요? 《삼국유사》라는 역사책에서는 중국의 《위서》에 쓰여진 말을 가져와 '단군이 아사달에 도읍을 정하고 새로 나라를 세워 나라 이름을 조선이라고 불렀다.'라고 기록했어요. 또 《고기(古記)》라는 책에는 단군이 평양성에 도읍을 정했다가 백악산 아사달로 옮긴 다음, 다시 장당경으로 도읍을 옮겼다는 이야기가 나오지요.

  학자들은 이러한 역사책의 기록을 가지고 아사달이 대동강 부근의 평양이라고 주장하기도 하고, 황해도의 구월산이라고 주장하기도 한답니다.

백두 낭자·한라 도령과 함께 찾아가는 우리 옛 도읍지

단군왕검이 찾았던 신성한 우리 산

"단군이 도읍으로 정한 아사달은 황해도 구월산이다. 이곳은 일 년 내내 잣나무가 푸르고 야생 과일이 풍부하다. 산이 그다지 높지는 않지만 깊고 험하다. 특히 주변에 높은 산이 없어 더욱 장엄하게 느껴진다."

고려 시대 역사책 《제왕운기》에 나오는 내용이에요. 구월산은 정말 단군이 정한 도읍지였을까요?

구월산에서 단군과 관련된 유물이 발견되었대요.

구월산의 봄은 철쭉이 온 산을 뒤덮어 장관을 이뤄요. 또 단풍이 드는 9월이 가장 아름다워 구월산이라고 불렸대요. 구월산은 아사달산, 삼위산이라고도 불렸는데 이 이름으로도 단군과

단군을 모시는 사당인 북한 구월산의 삼성사예요.

관계가 있음을 알 수 있지요.

구월산 아래에 자리잡은 삼성사는 단군과 단군의 아버지 환웅, 단군의 할아버지 환인을 모시는 사당이에요. 이곳에는 단군이 올라가 나라의 땅을 살폈다는 단군대, 활 쏘는 데 사용한 사궁석도 남아 있어요. 이런 유물로 보아 단군이 도읍으로 정한 아사달은 바로 구월산일 거라고 짐작하고 있어요.

단군이 봄과 가을마다 찾아가 제사를 드렸던 산이 또 있대요.

바로 강화도 마니산이에요. 강화도 마니산의 위치는 한반도의 한가운데예요. 이곳에서 한라산 백록담까지, 또 백두산 천지까지의 거리가 똑같다고 해요. 단군왕검은 민족의 번영과 발전을 위해 이곳에 참성단을 만들고 봄과 가을마다 찾아가 제사를 드렸어요.

참성단은 거친 돌을 다듬어 쌓았는데, 아래는 하늘을 나타내는 원 모양이고, 위는 땅을 나타내는 네모 모양이에요. 참성단에서는 지금도 단군왕검을 기리는 제사가 열린답니다.

참성단에서 단군을 기리는 행사가 열리고 있어요!

남북으로 기운차게 뻗어 간 고구려

"헉헉, 이제 더 이상 따라오지 못하겠지?"

부여에서 도망쳐 나온 주몽과 주몽의 부하 세 명은 한숨을 내쉬었어요. 주몽과 부하들이 닿은 곳은 압록강의 한 갈래인 동가강 근처의 졸본이라는 곳이었어요.

"여기는 매우 가파른 산이 많군. 이 산이라면 적들의 공격을 피하기에 안성맞춤이야."

주몽은 졸본을 도읍으로 정하고 고구려를 세웠어요. 졸본은 산이 많은 곳이어서 군사 요새로는 아주 좋았어요. 하지만 산세가

험하고 평평한 땅이 없어서 농사짓기는 매우 힘든 곳이었지요. 비옥한 땅이 없어서 백성들은 산을 밭으로 일구며 열심히 일했어요. 하지만 늘 먹을 것이 부족했지요.

"일 년 내내 농사를 지어 봤자 겨우 한 철 먹을 곡식밖에 얻을 수 없으니……."

"정말 배가 고파 못 살겠어."

백성들은 불평을 터뜨렸어요. 주몽의 뒤를 이어 고구려의 왕이 된 유리왕은 이러한 백성들의 목소리에 귀를 기울였어요.

'농사지을 땅도 있고, 외적의 침입도 잘 견뎌 낼 수 있을 만한 좋은 곳이 없을까?'

유리왕은 깊이 생각한 끝에 압록강 유역에 자리한 국내성을 골랐어요. 국내성의 북쪽으로는 백두산계의 노령산맥이 둘러쳐져 있었어요. 가파른 봉우리들이 첩첩이 솟아 있고, 봉우리와 봉우리 사이에는 깊고 아득한 골짜기가 수없이 많았지요. 그 모습은 마치 북쪽에서 쳐들어오는 적을 막는 길고 튼튼한 성벽 같았어요.

"이 정도면 외적의 침입을 막아 내는 데 문제 없겠어."

유리왕은 고개를 끄덕였어요. 또 국내성의 남쪽에는 압록강이 힘차게 흐르고 있어 농사지을 물이 풍부하고, 외국과 무역을 하기에도 손색이 없었어요.

"이곳은 군사를 키우기 좋고 백성들도 잘 살 수 있는 곳이야. 여기로 도읍을 옮겨야겠다."

그리하여 고구려는 유리왕 때 국내성으로 도읍을 옮기게 되었어요. 졸본이 겨우 40년 동안 고구려의 도읍이었다면, 국내성은 고구려가 북쪽으로 영토를 넓히며 힘을 키울 때까지 오랜 시간 동안 도읍지로서의 역할을 훌륭하게 해냈어요.

국내성 지역은 관동 지방의 3대 보물로 손꼽히는 인삼, 녹용, 돼지가죽이 나는 곳이었어요. 또 땅이 비옥해서 과일, 야채, 약초가 잘 자랐어요. 북쪽의 높은 산들이 차가운 바람을 막아 주어 날씨도 아늑하고 따뜻했지요. 백성들은 기름진 땅에서 열심히 농사를 지어 풍요로운 삶을 누릴 수 있었어요.

이렇게 고구려는 국내성을 발판으로 삼아 밖으로는 여러 나라와 싸워 나라의 땅을 넓히고, 안으로는 여러 제도를 갖추며 발전해 나갔어요.

고구려가 전쟁을 계속하여 땅을 넓혀 가던 고국양왕 때의 일이었어요. 어느 날 고국양왕이 세자인 담덕을 불렀어요.

"아바마마, 무슨 일이십니까?"

"세자, 이제 나는 늙고 힘들어 더는 이 나라를 보살피지 못할 것 같구나. 너에게 이것을 물려주마."

"아버님, 이것은 예전부터 보배로 간직해 오던 검이 아닙니까?"

담덕은 깜짝 놀랐어요.

"그렇다. 고구려의 시조인 주몽왕 때부터 전해 내려온 검이다. 이것을 소중히 간직하고 고구려를 최고의 나라로 만들어라."

얼마 지나지 않아 고국양왕이 세상을 떠나자 담덕은 18세의 나이로 왕이 되었어요. 그가 바로 광개토대왕이랍니다.

광개토대왕은 영토를 넓히는 데 온 힘을 기울였어요. 먼저 남쪽에 있는 백제를 공격했지요. 용감한 성품을 가진 것은 물론, 뛰어난 전략가이기도 했던 광개토대왕은 직접 군대를 이끌고 싸움터를 누볐어요.

"공격! 한 발짝도 물러서지 마라! 앞으로!"

광개토대왕이 얼마나 용맹했던지 적군들은 그가 온다는 소문만 듣고도 싸움을 포기할 정도였다고 해요.

고구려는 백제를 공격하는 데 성공해 임진강 일대를 손에 넣었고, 북쪽으로는 옛날 고조선의 영토였던 요동과 요서 지역까지 되

찾았어요. 당시 동북아시아의 최고 강대국이 된 것이지요.

광개토대왕은 왕이 된 뒤 20년 동안을 전쟁터에서 살다시피 했어요. 그리고 39세의 젊은 나이로 세상을 떠났어요.

그 뒤를 이은 장수왕은 아버지인 광개토대왕의 업적을 받들어 고구려를 발전시키는 데 더욱 힘을 기울였어요. 북으로는 중국에 사신을 보내 외교를 맺고, 남으로는 영토를 더욱 넓히기로 했지요. 이미 북쪽으로는 영토를 많이 넓혀 놓았기 때문에 이제 남쪽 영토에 관심을 가지게 된 것이었어요.

"남쪽의 한반도 중심에는 한강이 흐르고 있다. 저 강을 차지하면 우리 고구려는 더욱 막강한 나라가 될 거야."

장수왕이 생각한 대로 당시 한강을 차지한다는 것은 중요한 의미가 있었어요. 한강은 교통의 요지였기 때문에 한강을 차지하면 중국과 손쉽게 무역을 할 수 있었어요. 또

　남쪽에 있는 백제나 신라의 힘이 더 커지지 않게 막을 수도 있었지요. 그래서 장수왕은 도읍을 옮기고 싶었어요.
　장수왕이 도읍을 옮기고 싶어 한 데에는 또 다른 이유가 있었어요. 바로 귀족들 때문이었지요. 국내성에서 오랫동안 정치를 하던 귀족들의 힘이 무척 컸거든요.
　도읍지는 그 나라의 중심 세력이 있는 곳이어서 한곳에 오랫동안 도읍을 두게 되면 당연히 그 지역을 중심으로 한 귀족들의 힘이 커지기 마련이었어요. 하지만 귀족의 힘이 커지면 왕의 힘은 반대로 약해질 수밖에 없었어요. 장수왕은 영토를 넓히는 일뿐만 아니라, 나라의 안정을 찾는 일도 매우 중요하게 여겼지요.
　"아무래도 도읍을 옮겨야 할 것 같아. 어디가 좋을까?"
　오랜 생각 끝에 장수왕은 대동강 부근의 평양으로 도읍을 정했어요. 산이 많은 국내성과는 달리 평양은 넓은 평야였어요. 대동강 주변에는 기름지고 넓은 땅이 펼쳐져 있고, 또 황해와 가까워 중국으로 가기도 쉬웠지요. 또 국내성보다 남쪽에 있어 아래 지방으로도 내려가기 좋은 곳이었어요. 평양은 여러모로 고구려의 도읍지로 안성맞춤이었어요.

평양으로 도읍을 옮긴 뒤에는 고구려에 큰 변화가 일어났어요. 국내성 귀족들의 힘이 약해지고 평양을 중심으로 한 귀족들이 새로 힘을 가지게 되었지요. 그동안 나라의 땅을 넓히면서 힘을 얻었던 사람들이 물러나고, 농사를 짓고 배를 이용해 무역을 하는 사람들이 힘을 얻게 된 거예요. 이제 고구려는 농경과 활발한 해

상 무역을 하는 나라로 발전했어요.

고구려는 평양 주변에 평양성을 튼튼하게 쌓아 외적의 침입을 막았어요. 나중에 이 평양성은 중국의 수나라와 당나라의 침입을 막는 데 큰 역할을 했지요.

또한 장수왕은 한강 유역에 자리 잡고 있던 백제를 공격해 마침내 한강을 손에 넣었어요. 한강을 차지하면서 고구려는 가장 넓은 땅을 가지게 되었지요. 평양을 도읍으로 한 고구려가 최대 전성기를 맞이한 거예요.

장수왕은 아버지 광개토대왕과는 달리 무척 오래 살았어요. 무려 98세까지 이름처럼 오래 살았답니다.

백두 낭자 · 한라 도령과 함께 찾아가는 우리 옛 도읍지

고구려를 보호하던 웅대한 성벽

옛 도읍지에는 도읍지를 둘러싼 성벽이 있었어요. 성벽은 도읍지를 보호하는 중요한 역할을 맡았지요. 다른 나라에서 쳐들어오는 적군을 막을 뿐만 아니라 적을 성 안에 가두는 방법으로 전쟁에서 승리하기도 했어요. 그럼, 고구려의 성벽을 함께 만나 볼까요?

 고구려의 도읍지인 국내성에는 국내성 성벽이 있었어요.

지금은 국내성 안의 건축물은 다 사라지고 국내성 성벽만 남아 있어요. 당시 고구려의 웅대한 기상을 느낄 수 있는 유일한 유적이지요. 국내성 성벽은 고구려 성벽의 형식을 잘 나타내었어요. 이 형식은 고구려가 멸망한 뒤에도 발해가 계속 이어받았지요.

국내성 성벽 안의 여러 곳에서 발견되는 건물 터는 궁궐 터로 여겨져요. 국내성 성벽은 우리나라 문화재이지만 지금은 중국 땅에 있어서 보존하기가 어렵대요. 자꾸만 훼손되고 있다니 무척 아쉬운 일이지요?

 **고구려의 세 번째 도읍지에서는 평양성을 쌓았어요.**

고구려의 세 번째 도읍지인 평양 역시 성을 쌓았어요. 국내성 성벽과 달리

평양성은 북한의 국보 문화재 제1호로 잘 보존되고 있지요. 평양성은 내성, 외성, 중성, 북성으로 이루어져 있고 성벽의 길이만 무려 23킬로미터나 돼요. 성벽은 돌과 흙을 섞어서 쌓았지요.

평양성 안에는 7개의 장대가 있어요. 장대는 장수가 올라가서 군대를 지휘하던 곳인데, 돌로 높이 쌓아 만들었어요. 그중 대표적인 것이 바로 평양성의 가장 북쪽인 내성의 을밀대예요. 을밀대는 평양성 내성 장대로 처음 세워졌는데, 조선 숙종 때 다시 지어 지금까지 보존되고 있어요.

을밀대는 이곳에 서서 사방을 둘러보면 그림과 같이 아름다운 경치가 펼쳐진다고 해서 사허정이라고도 불렀답니다.

평양성의 북문인 현무문이에요.

군대를 지휘하는 장수가 올라가던 평양성의 장대, 을밀대예요.

화려한 문화를 꽃피운 철의 나라 가야

"거북아, 거북아, 머리를 내밀어라. 내밀지 않으면 구워 먹으리."

구간(九干)들의 노랫소리가 울려 퍼지는 가운데 한바탕 춤판이 벌어졌어요. 구간은 금관가야가 세워지기 전 김해를 다스리던 아홉 명의 우두머리를 말해요.

"앗! 저기 좀 봐! 자주색 줄이 내려온다!"

사람들은 줄이 내려오는 곳으로 몰려갔어요. 줄 끝을 따라가 보니 붉은 보자기로 싼 황금 상자가 놓여 있었지요.

　상자 안에는 태양처럼 둥근 황금 알 여섯 개가 빛나고 있었어요. 12일이 지나자 첫 번째 알이 깨지면서 어린아이가 태어났어요. 곧이어 나머지 알들도 깨졌지요. 알에서 태어난 아이들은 모두 왕이 되어 여섯 가야를 다스리게 되었어요.

　여섯 가야는 김해의 금관가야, 고령의 대가야, 함안의 아라가야, 고성의 소가야, 성주의 성산가야, 진주의 고령가야였어요. 가야는 이렇게 여러 나라가 합쳐져서 만들어진 연맹 국가였지요. 여

섯 가야 중 가장 번성한 가야는 금관가야와 대가야예요.

　금관가야는 알에서 첫 번째로 태어난 수로왕이 다스린 나라예요. 금관가야의 도읍지였던 김해 지역은 철이 많이 나는 곳이었어요. 그때는 철기 시대로 철이 지금의 돈처럼 쓰여 매우 중요했지요. 금관가야는 낙동강이 바다로 흘러가는 곳에 있어서 외국과 해상 무역을 하기에도 매우 좋은 곳이었어요. 금관가야는 김해에서 나는 철을 중국과 일본에 팔아 많은 이득을 보았지요.

또한 경상도 내륙 지방과 일본, 중국을 이어 주는 교통의 중심지로 무역을 하는 데 중간 역할을 하기도 했어요. 그래서 다른 다섯 가야보다 앞서 발전할 수 있었지요. 금관가야가 있는 낙동강 하류는 늘 외국 상인들과 배로 북적북적했어요.

"소문 들었소? 금관가야가 탐라국에 무역 기지를 세운답니다."

"그래요? 이제 왜의 규슈 지방까지 철을 쉽게 가져갈 수 있겠군요!"

탐라국은 지금의 제주도예요. 왜는 지금의 일본이고요. 당시 금관가야는 먼 바다 건너 제주도에까지 무역 기지를 세울 만큼 발전한 나라였어요. 그야말로 바다를 주름잡는 해상 강국이었지요.

이렇게 철을 팔아 부유해진 금관가야는 화려한 문화를 꽃피웠어요. 가야의 문화는 자유롭고 창조적이었어요.

그중에서도 토기는 가야만의 독특한 형태를 가지고 있었어요. 가까운 신라의 토기보다 훨씬 날렵하고 세련된 모양이었지요. 또 단순한 그릇 모양이 아니라 집, 수레바퀴, 동물 등 매우 다양했어요. 가야의 세련된 문화는 일본에도 영향을 주었답니다.

이렇게 가야는 해상 강국 금관가야를 중심으로 뭉쳐 신라에 맞서며 발전했어요. 하지만 고구려가 남쪽으로 내려오면서 가야 연맹에는 커다란 변화가 일어났어요.

김해에 고구려의 군대가 쳐들어와 타격을 입은 금관가야는 점점 힘을 잃었어요. 경상남도 해안 지방의 가야국들은 점점 내륙 지방으로 옮겨 갔고, 이때부터는 고령의 대가야를 중심으로 다시 뭉치게 되었어요.

　고령을 도읍으로 삼았던 대가야는 산으로 둘러싸인 경상도 내륙 지방에 자리 잡고 있어서 고구려가 쳐들어왔을 때에도 피해가 크지 않았어요. 대가야는 점차 해안 지방의 가야국들과 내륙 지방의 가야국들을 이끌며 힘을 키웠어요.

　대가야의 도읍지인 고령은 농업 기술이 발달하였고, 철을 잘 만드는 곳이었어요. 그래서 가야의 새로운 중심지로 떠올랐지요. 고령 가까이에는 '야로'라는 지방이 있었는데 이곳에서도 철을 많이 만들어 냈다고 해요. 대가야는 합천, 거창, 함양, 산청, 하동 등지를 아울러서 힘을 길렀어요.

　대가야의 유명한 인물로는 가야금을 만든 악사 우륵이 있어요. 가야는 가야금 음악으로 유명하지요. 우륵은 가야금 음악을 12곡이나 지었는데, 그 안에는 가야국의 여러 지명이 들어 있어요. 지방마다의 향토적 특색과 문화가 잘 드러난 음악이지요. 이렇게 대가야도 금관가야처럼 문화가 매우 발달했어요.

　대가야가 빠르게 발전할 무렵 남쪽으로 땅을 더 넓히려는 고구려의 힘이 점점 더 커지자 신라와 백제는 동맹을 맺고 고구려에 맞섰어요. 대가야는 한때 신라와 백제를 도와 고구려를 물리치기도 했어요.

이때 대가야는 소백산맥을 넘어 전라도 일대를 차지할 만큼 큰 힘을 떨쳤어요. 이렇게 대가야가 힘이 커지자 신라와 백제는 위협을 느껴 다시 대가야를 공격했어요. 그러자 대가야의 신하들이 왕에게 말했어요.

"신라와 백제의 공격을 막으려면 신라의 귀족과 결혼을 하는 것이 좋을 듯합니다."

나는 가야금을 만든 우륵이오.

"그렇습니다. 신라의 귀족을 아내로 맞아 가야와 신라가 동맹을 맺는 것이 어떨지요?"

신하들의 말을 따라 대가야의 왕은 신라의 법흥왕에게 사신을 보내 신라 이찬 비조부의 딸을 아내로 맞았어요. 하지만 신라의 법흥왕이 이 결혼을 받아들인 이유는 가야를 도와주기 위해서가 아니었어요. 가야를 신라와 하나로 합치기 위한 것이었지요.

그러던 중 금관가야가 멸망하자, 신라에 맞서던 대가야도 점점 힘을 잃어 갔어요. 그리고 562년, 대가야에 신라의 장군인 이사부가 이끄는 군대가 쳐들어왔어요. 대가야는 힘도 써 보지 못하고 항복하고 말았지요. 이때 함안의 아라가야, 고성의 소가야도 함께 멸망했어요. 마침내 500년 가야의 역사가 끝난 것이지요.

가야는 멸망했지만, 가야의 아름다운 문화는 고스란히 신라에 전해졌어요. 나라가 망한 뒤 대부분의 사람들이 신라로 갔기 때문이에요.

신라의 유명한 사람들 중에는 원래 가야의 사람이었거나, 가야의 후손이 많이 있어요. 신라의 유명한 장군 김유신은 가야 왕족의 후손이에요. 또 가야금을 만든 악사 우륵도 신라로 건너가 신라 제자들에게 가야금을 가르쳤어요. 학자로 널리 이름을 떨친 강

고령 지산동 고분

경상북도 고령에 있는 가야 시대의 무덤이에요. 한때 이곳의 강대국이었던 가야의 모습을 보여 줘요.

수도 가야 사람으로 유학에 대한 지식이 매우 뛰어났다고 해요.

가야는 불과 500년밖에 안 되는 역사를 지녔지만 훌륭한 문화를 가진 나라였어요. 이러한 문화는 신라에 이어져 신라 역사와 문화 발전에 큰 영향을 주었답니다.

백두 낭자·한라 도령과 함께 찾아가는 우리 옛 도읍지

수로왕이 태어난 김해 구지봉

경상남도 김해시 구산동에는 구지봉이라는 작은 봉우리가 있어요. 거북의 머리를 닮았다고 해서 구수봉이라고도 불리는 이곳은 해발 200미터 정도의 나지막한 산봉우리예요. 이곳에서 가야의 흔적을 찾을 수 있다는데, 함께 찾아볼까요?

구지봉 위에는 비석이 세워져 있어요. 비석에 새겨진 글을 읽어 볼까요? '대가락국태조왕탄강지지(大駕洛國太祖王誕降之地)'라고 쓰여 있어요. 바로 가야의 첫 번째 왕이 하늘에서 내려와 태어난 곳이란 뜻이에요. 가야의 첫

터널을 가운데 두고 왼쪽에는 구지봉이, 오른쪽에는 수로왕비릉이 있어요.

구지봉 위에 있는 탄강지지비예요.

번째 왕은 수로왕이에요. 이곳은 수로왕을 비롯해 여섯 가야의 왕이 알에서 태어난 곳이에요.

구지봉은 김해시에 있는 분산의 능선을 따라 동쪽으로 이어져 있는데, 이 능선이 거북의 몸이 되고 구지봉이 거북의 머리가 되어 전체적으로 거북의 모습을 하고 있어요.

 **수로왕이 태어난 구지봉의 동쪽에 있는 수로왕의 무덤을 만나요!**

구지봉 동쪽에는 수로왕릉이 있어요. 바로 수로왕의 무덤이에요. 수로왕릉 근처에는 수로왕의 왕비 허황옥의 무덤인 수로왕비릉도 있어요.

이곳에서는 해마다 봄, 가을 두 차례에 걸쳐 제사를 지내요. 수로왕과 수로왕비를 기리고 받드는 제사로 전국의 김해 김 씨와 허 씨, 인천 이 씨, 유림 등 만여 명이 넘는 사람들이 모인다고 해요.

가야의 첫 번째 왕인 수로왕의 무덤이에요!

몰락과 번영을 함께 누린 백제

"더 이상 미뤄서는 안 되겠어. 이제 정말 백제를 쳐야 할 때가 온 거야."

고구려 장수왕의 눈빛이 번뜩였어요. 장수왕이 이런 결심을 하게 된 데에는 이유가 있었어요. 백제의 개로왕이 고구려를 공격하려고 중국 북위에 도움을 청했다는 소식을 들었기 때문이에요. 장수왕은 군사들을 불러 모으고 소리쳤어요.

"자! 한강은 이제 고구려의 땅이다! 돌격, 앞으로!"

"개로왕을 사로잡아라!"

고구려 군사들은 기세등등하게 백제의 도읍지 위례성으로 쳐들어갔어요. 싸움은 격렬했지만 얼마 지나지 않아 위례성은 포위되고 말았지요. 남성과 북성으로 나뉘어져 있던 위례성은 7일 만에 북성이 고구려에 넘어가면서 무너지기 시작했어요.

고구려 군사들에게 사로잡힌 개로왕은 아차산성으로 끌려가 죽임을 당했어요. 개로왕의 왕비와 왕자들도 모두 죽임을 당했지요.

개로왕은 고구려에 포위당하기 바로 전 동생 여도를 신라로 보내 도움을 청했지만 너무 늦었어요. 신라의 군사들이 닿기도 전에

서울 광진구에 있어요. 백제 개로왕이 바로 이곳에서 고구려 군사들에게 죽임을 당했대요.

아차산성

남성마저 고구려에 넘어간 것이었어요.

"이제 한강은 우리 고구려의 땅이다! 만세!"

장수왕과 고구려 군사들은 백제의 포로들을 이끌고 기쁨에 차서 고구려로 돌아갔어요. 뒤늦게 백제에 도착한 개로왕의 동생 여도는 땅을 치며 통곡했어요.

"내가 너무 늦었구나. 형님! 죄송합니다! 흑흑."

하지만 오래 슬퍼할 시간이 없었어요. 여도는 이 어려움을 이겨 내기 위해 얼른 왕위에 올랐어요. 그 왕이 바로 문주왕이랍니다.

문주왕은 빼앗긴 위례성을 뒤로하고 남쪽으로 발길을 돌렸어요. 문주왕이 도착한 곳은 남쪽의 웅진, 지금의 공주였어요. 문주왕은 주변을 찬찬히 둘러보았어요.

"북으로는 높은 산맥과 강이 둘러싸고 있고, 동으로도 산이 막고 있군. 이 정도면 고구려가 다시 쳐들어와도 막을 수 있을 거야. 이곳을 도읍으로 정해야겠어."

문주왕은 웅진에 새롭게 도읍을 정하고 군사와 정치를 새로 가다듬었어요. 문주왕이 웅진을 고른 이유는 무엇보다도 적을 쉽게 막을 수 있는 땅이었기 때문이에요. 공주는 북쪽으로는 차령산맥과 금강에 둘러싸여 있고, 동쪽으로는 계룡산이 솟아 있어서 고구

려가 쳐들어오는 것을 막을 수 있는 탁월한 요새였어요.

 백제는 수도를 웅진으로 옮긴 뒤 예전의 나라 모습을 되찾기 위해 노력했어요. 하지만 웅진으로 도읍을 옮긴 다음에도 백제는 제대로 자리를 잡지 못했어요. 위례성에 있을 때 힘을 가지고 있던 귀족들이 말썽이었지요.

 옛 위례성의 귀족들과 웅진의 새로운 귀족들은 서로 힘을 겨루느라 나라를 보살피는 일은 뒷전이었어요. 결국 귀족들의 싸움으로 문주왕은 죽고 말아요. 그 뒤를 이은 삼근왕도 오래 지나지 않아 죽임을 당했어요.

 더욱이 한강을 빼앗긴 백제는 바다에서 이루어지던 무역을 더

이상 할 수 없었어요. 나라 살림은 점점 더 어려워졌지요.

　백제가 이렇게 어려울 때 왕이 된 동성왕은 나라를 다시 일으키려고 무척 노력했어요. 그 덕분에 백제는 차츰 예전의 활기를 되찾았어요. 동성왕은 신라와 좋은 관계를 맺으려고 노력하고 귀족들을 잘 다스려 왕의 힘을 길렀어요. 그리하여 다음 왕인 무령왕 때에 백제는 다시 예전의 전성기를 맞이하게 되었어요.

　인자하고 덕이 많은 무령왕은 백성들에게 많은 인심을 얻었어요. 오랜 전쟁과 가난 때문에 고향을 떠났던 백성들도 하나둘 돌아와 농사를 다시 짓기 시작했어요. 또 중국과도 외교를 맺어 다른 나라에 백제의 위상을 알리기 시작했어요. 한강을 빼앗겨 잃어버렸던 경제력도 가야 지역으로 나아가면서 되찾았지요.

무령왕의 뒤를 이어서는 성왕이 왕위에 올랐어요. 성왕은 왕이 되자마자 예전에 할아버지 왕들이 귀족들에게 죽임을 당했던 일들을 떠올렸어요.

"귀족들의 힘이 너무 강해. 이대로 두면 나를 또 위협할 거야."

성왕은 귀족들의 힘이 강해질까 봐 늘 걱정이었어요. 고구려가 이미 충청남도 지역까지 세력을 뻗은 것도 마음에 걸렸어요.

"지금의 도읍지인 웅진은 교통의 중심지라 모든 것이 편리하지만, 그 편리함 때문에 적들이 쳐들어오는 길목이 된단 말이야."

성왕은 고민에 빠졌어요.

당시 백제의 백성들 대부분은 호남 지방의 평야에서 농사를 짓고 살았어요. 기름지고 드넓은 평야에서 곡식을 거둬들이며 풍요로운 생활을 했지요.

'아무래도 도읍을 옮겨야 할 것 같아. 호남 지방과 가깝고 중국과 활발히 교류할 수 있는 곳, 무엇보다도 고구려의 침입을 더 잘

막아 낼 수 있는 곳으로 말이야.'

이렇게 결심한 성왕은 여러 곳을 둘러보았어요. 성왕은 지금의 충청남도 부여인 사비를 가장 마음에 들어 했어요.

백마강이 흐르고 부소산으로 둘러싸인 사비는 외적의 침입을 막기에 좋은 곳이었어요. 또 웅진에 비해 금강의 하류 쪽에 있어서 중국이나 일본과 무역을 하기도 더 좋았어요.

이렇게 해서 백제는 다시 한 번 사비로 도읍을 옮기게 되었어요. 성왕은 도읍을 옮긴 뒤, 나라 이름을 남부여로 바꾸었어요.

"이제부터 백제는 부여의 전통을 받들 것이다."

성왕이 이렇게 결정한 데에는 이유가 있었어요. 백제를 세운 온조왕의 성씨가 바로 부여 씨였거든요. 그래서 성왕은 백제의 뿌리가 부여에 있다고 믿었어요. 비록 백제는 고구려에서 갈라져 나온 나라였지만, 자신들의 조상은 고구려가 아닌 부여임을 강조하고 싶었던 거예요.

또한 성왕은 그동안 골칫거리였던 귀족들을 정리하기 시작했어요. 원래 백제는 5부로 이루어진 지방 조직과 귀족을 중심으로 커진 나라였어요. 하지만 성왕은 이러한 귀족들의 힘이 더 이상 커지지 않게 하고 왕의 힘을 키워 나갔어요.

"그 누구도 감히 왕에게 도전하지 못할 것이다."

중국과도 더욱 활발히 교류를 해 문물을 받아들이고, 그 문물을 다시 일본에 전해 주었지요. 성왕은 여기에 그치지 않고 잃어버린 한강을 되찾고자 고구려를 공격했어요.

백제는 신라와 힘을 합쳐 한강 상류와 하류 지역을 차지하고 나눠 가졌어요. 하지만 그것도 잠깐, 곧 신라에게 다시 한강을 빼앗겼지요. 백제는 무왕 때 다시 힘을 찾았지만, 의자왕 때 이르러 신라와 당나라 연합군의 공격을 받아 멸망하고 말았어요.

백제의 웅진과 사비는 이렇게 흥하고 망하기를 거듭한 도읍지예요. 웅진은 63년 동안, 사비는 122년 동안 백제의 도읍지 역할을 했답니다.

백두 낭자 · 한라 도령과 함께 찾아가는 우리 옛 도읍지

백제 무왕의 숨결이 느껴지는 궁남지

부여의 궁남지는 우리나라에서 가장 오래된 인공 연못이에요. '궁의 남쪽에 있는 연못'이라는 뜻으로 궁남지라고 불렸어요. 궁남지 근처에는 대리석을 3단으로 쌓아 올린 팔각형의 우물도 있어요. 여기의 물은 지금도 마실 수 있을 정도로 아주 깨끗하지요. 궁남지로 다같이 떠나 볼까요?

 **궁남지에는 백제 무왕의 출생 설화가 담겨 있어요.**

백제의 무왕은 왕이 되기 전에는 마를 팔아 어렵게 살아가는 가난뱅이였어요. 그래서 '마를 캐는 아이'라는 뜻의 한자인 서동이라고 불렸지요. 그런데 이런 서동이 어떻게 백제의 왕이 되었을까요?

무왕의 바로 윗대 왕인 법왕에게는 아들이 없었어요. 그러던 어느 날, 연못가에서 홀로 살던 법왕의 시녀가 용과 통하여 아들을 얻었어요. 이 아이가 바

서동의 전설을 상징하는 궁남지 포룡정이에요.

로 서동이었어요. 후에 서동은 신라 진평왕의 딸인 선화 공주와 결혼하고 왕위에 오르지요. 이 이야기는 궁남지가 백제 왕과 깊은 관계가 있는 별궁의 연못이었다는 것을 알려 준답니다.

 **궁남지는 우리나라 최초의 인공 연못이에요.**

《삼국사기》에 보면 '백제 무왕 35년에 궁의 남쪽에 못을 파고 20리 떨어진 곳에서 물을 끌어와 인공 섬을 만들고 주변에 버드나무를 심었다.'는 기록이 있어요. 백제 무왕은 왕비인 선화 공주와 함께 1만여 평이나 되는 이곳 연못에서 뱃놀이를 즐겼다고 해요. 궁남지는 신라 시대에 만들어졌던 경주의 안압지보다 40년이나 더 먼저 만들어졌답니다.

일본의 정원 문화도 이러한 백제의 조원 기술을 본받아 생겨난 것이래요.

백제 무왕 때 만들었다고 전해지는 인공 연못 궁남지예요.

한 도읍에서 이룬 천 년의 역사 신라

경상북도 경주는 도시 전체가 커다란 박물관이에요. 시내 곳곳에 언덕 같은 거대한 무덤들이 있지요. 또 아름다운 절과 탑, 불상들도 있어요. 어떻게 경주에는 이렇게 많은 문화유산이 한데 모여 있을까요?

그것은 신라가 다른 나라와는 다르게 나라가 생기고 나서부터 멸망할 때까지 한 번도 도읍지를 옮기지 않았기 때문이에요.

신라의 시조 임금인 박혁거세가 처음 나라를 세울 때 금성, 그러니까 바로 지금의 경주에 도읍을 정했어요. 그때는 나라 이름을

서라벌이라고 했는데, 금성과 서라벌은 거의 하나의 뜻으로 쓰였어요. 도읍지가 곧 나라였다고 할 수 있어요.

금성은 소백산맥의 아래쪽에 있고, 동쪽으로는 동해와 맞닿아 있어요. 험한 소백산맥 때문에 다른 지방 사람들은 금성으로 들어오기가 힘들었어요. 동해 쪽 역시 파도가 거칠어 다른 나라 사람들이 배를 타고 오기도 어려웠지요.

이렇게 신라의 금성은 고구려나 백제가 쳐들어오는 것을 안전하게 막아 주었어요. 하지만 그만큼 신라는 다른 나라의 문물을 받아들이기가 힘들었어요. 그래서 삼국 중 가장 발전이 늦었지요.

그렇다면 신라는 어떻게 다른 나라의 문물과 종교를 받아들일 수 있었을까요?

지금 경주에 남아 있는 유적들을 살펴보면 모두 불교의 영향을 받았다는 것을 알 수 있어요. 또 유적과 유물 대부분이 신라가 삼국 통일을 하고 나서인 통일 신라 시대의 것들이지요.

신라의 도읍이었던 금성에는 주로 귀족들이 살았어요. 귀족들은 예전부터 내려오던 토속 신앙을 믿었지요. 금성의 귀족들은 계림과 천경림이라는 성스러운 숲에서 하늘에 제사를 지내곤 했어요.

계림은 김 씨의 시조인 김알지가 태어날 때 닭이 울었던 곳으로

신라에 불교가 들어오기 전 토속 신앙을 믿던 귀족들이 제사를 지내던 곳이에요.

커다란 나무들이 있어 정말 신비롭게 느껴져요.

신라 귀족들이 제사를 지내던 계림

성스럽게 모시던 곳이었어요. 천경림 역시 하늘과 통하는 곳으로 매우 중요했지요. 그런데 신라 법흥왕 때 이곳에서 커다란 사건이 벌어졌어요.

당시 법흥왕은 무슨 일을 할 때나 사사건건 왕에게 맞서는 귀족들 때문에 골치가 아팠어요.

"귀족들을 다스려야 왕의 힘이 커지고 이 나라가 편하겠는데, 무슨 좋은 방법이 없을까?"

고민하던 법흥왕은 무릎을 탁 쳤어요.

"그렇지! 귀족들에게는 새로운 생각과 종교가 있어야 해! 지금까지의 신앙을 무너뜨리고 나라가 정한 새로운 종교를 믿게 하는 거야!"

그때 이미 고구려와 백제는 신라보다 150년이나 앞서 불교를 받아들여 발전하고 있었어요. 교류가 어려운 금성의 위치 때문에 신라에만 불교가 들어오지 못하는 상황이었지요.

신라 귀족들은 원시 시대부터 내려오는 신앙인 하늘과 땅의 신, 나무와 숲의 신을 섬기고 있었어요. 이것은 워낙 오래 전, 고조선 시대부터 이어져 온 종교라 쉽게 바뀌지 않았어요. 하지만 법흥왕에게는 불교만이 왕의 권위를 높일 수 있는 꼭 필요한 종교였어요.

고구려와 백제에서는 이미 중국으로부터 불교를 받아들여 왕을 부처님처럼 섬기고 있었어요. 부처님은 모든 것을 뛰어넘는 절대적인 존재로, 한 나라가 불교를 믿는다는 건 부처님과 왕을 같이 모심으로써 아무도 왕에게 도전할 수 없다는 뜻이었어요.

"맞아, 불교야! 불교를 받아들여 귀족들의 힘을 눌러야 해."

하지만 귀족들은 거세게 반대했어요.

"말도 안 되오. 여태껏 믿었던 하늘 신을 버리고 부처를 섬기라는 말이오?"

"그럴 수 없소. 하늘과 숲에 있는 신들이 노여워 우리에게 벌을 주실 거요."

법흥왕은 귀족들의 거센 반대에 고민이 많았어요. 그때 충직한 신하 이차돈이 법흥왕을 찾아왔어요.

"전하, 제 목숨을 바치겠사옵니다. 저를 통해 귀족들을 누르고 힘을 얻으옵소서!"

이차돈은 법흥왕에게 조용히 무언가를 이야기했어요.

"흠. 정녕 그 방법밖에 없단 말인가."

법흥왕은 한숨을 내쉬며 천천히 고개를 끄덕였어요.

이차돈은 신성한 숲인 천경림으로 이내 달려갔어요. 그러고는 절을 지으라는 임금님의 명령이 있었다며 신성한 나무를 마구 베어 내기 시작했어요. 놀란 귀족들은 펄쩍펄쩍 뛰며 왕에게 몰려갔어요. 그러나 법흥왕은 자기는 모르는 일이라며 딱 잡아뗐지요.

"여봐라! 당장 이차돈을 잡아 오너라!"

법흥왕 앞에 끌려 나온 이차돈은 귀족들 앞에서 법흥왕은 전혀 모르는 일이었다며 모두 자기 혼자 꾸민 것이라고 대답했어요. 하지만 실은 이미 법흥왕과 약속한 일이었지요.

"지금 바로 저자의 목을 베어라!"

망나니가 칼을 휘두르자 이차돈의 목이 베어졌어요. 그런데 놀랍게도 이차돈의 목에서는 붉은 피 대신 하얀 젖이 한 길이나 치솟았어요. 그때 하늘이 캄캄해지고 땅이 진동

하더니 꽃비가 내렸어요. 귀족들은 너무 놀라 벌벌 떨었어요.

법흥왕은 서슬이 퍼런 목소리로 호통을 쳤어요.

"너희들은 자세히 알아보지도 않고 임금에게 대들었다. 그 죄로 모조리 처형을 당해 마땅하다!"

"전하, 잘못했습니다. 제발 살려만 주십시오."

귀족들은 바닥에 엎드려 싹싹 빌었어요.

"그럼 이번만은 용서하겠다. 그 대신 이차돈이 나를 위해 절을 지으려다 죽었으니, 내가 그를 위로하는 뜻에서 끝까지 그 절을 지어 이차돈의 혼을 달래리라."

귀족들은 더 이상 왕에게 맞설 수 없었어요. 그리하여 신라에 불교가 들어오게 되었고, 도읍지인 금성에는 황룡사나 불국사 같

신라 진흥왕은 자신의 힘을 보이기 위해 신라에서 가장 큰 절을 지었어요. 지금은 터만 남아 있지요.

경주 황룡사 터

은 절이 많이 지어졌지요. 그 뒤 불교는 왕실의 보호를 받으며 빠르게 발전했어요. 더불어 불교를 받아들인 금성의 문화도 찬란하게 꽃피었어요.

   삼국이 통일된 뒤, 신라는 200년 동안 평화를 누렸어요. 도읍지인 금성에는 초가집이 아닌 화려한 기와집들이 지어졌어요. 그때의 금성은 지금의 경주보다 몇 배나 더 컸어요. 넓게 뚫린 길로 사람들이 바삐 오가고 농업과 상업, 수공업이 크게 발달했어요. 큰 시장도 들어서서 상인들이 활발히 장사를 벌였다고 해요.

경주 불국사

 금성에 사는 사람들은 밥을 지을 때도 나무가 아닌 숯을 썼어요. 참나무를 태워 만든 숯은 나무보다 몇 배나 비싼 것이었으니, 금성이 얼마나 잘살았는지 알 수 있겠죠?

 하지만 금성에는 주로 귀족이거나 부자인 상인이 살았어요. 다른 지역 보통 백성들의 생활은 다른 시대와 다름없었어요. 농사가 잘 되지 않아 흉년이 들면 굶어 죽기 일쑤였지요. 이렇게 신라가 금성에서 찬란한 문화를 꽃피우는 동안에도 일반 백성들은 고달픈 생활을 계속했답니다.

백두 낭자·한라 도령과 함께 찾아가는 우리 옛 도읍지

신라 천 년 역사의 끝을 알린 포석정

포석정은 신라 임금이 연회를 베풀던 곳이에요. 지금은 남아 있지 않지만 옛날 이곳에는 큰 돌로 거북을 만들어 놓고 물을 끌어다가 거북의 입으로 물이 흘러나오도록 했대요. 그 물은 돌 홈을 따라 흘러갔는데, 돌 홈에 술잔을 놓으면 물을 따라 춤을 추듯 빙글빙글 돌아갔다고 해요. 아름다운 현장으로 함께 떠나 볼까요?

포석정에서 신라 임금과 귀족들은 술을 마시며 놀이도 즐겼다고 해요. 그때의 이야기를 들어볼까요?

신라 헌강왕이 포석정에서 연회를 베풀 때였어요. 하늘에서 신이 내려와 덩실덩실 춤을 추는 게 아니겠어요? 하지만 그 모습은 오직 헌강왕의 눈에만 보

이곳이 바로 포석정이에요.

였어요. 헌강왕은 신이 춤추는 데 방해가 될까 봐 신하들을 조용히 시켰어요. 그리고 신이 돌아간 다음 신하들에게 그 일을 말해 주었어요. 신이 어떻게 춤을 추었는지 신하들이 궁금해하자 헌강왕은 자리에서 일어나 덩실덩실 춤을 추었다고 해요. 이 춤은 바로 신라 춤인 '어무산신무'랍니다.

 **신라 천 년의 마지막을 알린 슬픈 일도 바로 이 포석정에서 일어났어요.**

신라 55대 경애왕 때의 일이에요. 후백제의 견훤이 신라에 쳐들어왔어요. 견훤이 쳐들어온다는 소식을 들은 경애왕은 고려의 왕건에게 도움을 청해 놓고, 포석정에 와서 마음 놓고 술잔치를 벌였어요. 왕과 왕비, 신하들은 흐르는 물에 술잔을 띄우고 노래와 춤을 즐겼어요.

이 기회를 노린 견훤이 갑자기 쳐들어오자 경애왕은 급하게 도망쳤어요. 하지만 결국 견훤에게 잡히고 말았지요. 견훤은 왕궁을 빼앗고, 경애왕이 스스로 목숨을 끊도록 했어요.

그 뒤 신라의 수도 금성은 견훤의 군대에게 포위당했어요. 그리고 10년도 채 못 가 신라는 고려에게 항복했답니다.

포석정에 술잔을 띄우는 신라 왕의 모습을 재현하고 있어요.

아시아의 모든 길을 연결했던 발해

고구려의 평양성이 신라에게 무너진 지 30년이 지났어요. 삼국을 통일한 신라는 복잡했던 시대를 마무리하고 나라를 발전시키는 데에 힘을 쏟았어요. 하지만 옛 고구려 땅은 일부만 신라의 땅이 되었을 뿐, 대부분 당나라에게 넘어가고 말았어요.

고구려의 후손이었던 대조영은 그런 현실을 참을 수가 없었어요. 그래서 고구려 장수의 갑옷을 입고 당나라와 용감하게 싸우며 고구려의 옛 땅인 동모산 일대에 '진국'이라는 나라를 세웠어요. 이 나라가 바로 발해예요.

진국은 눈부시게 발전했어요. 중앙아시아를 지배하던 유목민 돌궐과 신라에도 사신을 보내 교류했지요. 또 고구려의 옛 땅을 하나하나 손에 넣어 가며 힘을 키웠어요. 당나라의 왕 현종은 그런 진국을 더 이상 함부로 넘볼 수 없었어요.

"진국을 함부로 대했다가는 큰 화를 입겠군. 주변의 모든 나라들이 진국과 손을 잡고 있으니 말이야. 이젠 어쩔 수 없이 우리가 먼저 화해를 하자고 할 수밖에……. 그러지 않으면 우리 당나라는 완전히 고립되고 말 거야."

당나라의 현종은 울며 겨자 먹기로 발해에 사신을 보냈어요. 그리고 대조영을 '발해군왕'이라고 불렀어요. 이때부터 진국은 발해라고 불렸어요.

대조영이 세상을 떠난 뒤, 발해의 두 번째 왕으로 무왕이 왕위에 올랐어요. 무왕은 발해 땅을 더욱 넓히려고 했어요. 그러려면 북쪽에 있는 당나라와 싸워야 했어요.

"신라와 손을 잡고 당나라를 위협하면 좋을 텐데……."

처음에 신라는 발해와 친하게 지냈으나 발해가 땅을 더욱 넓히고 막강한 힘을 가진 나라가 되자 겁이 났어요. 언젠가 발해가 신라를 공격할지도 모른다고 생각했지요. 그래서 당나라와 손을 잡

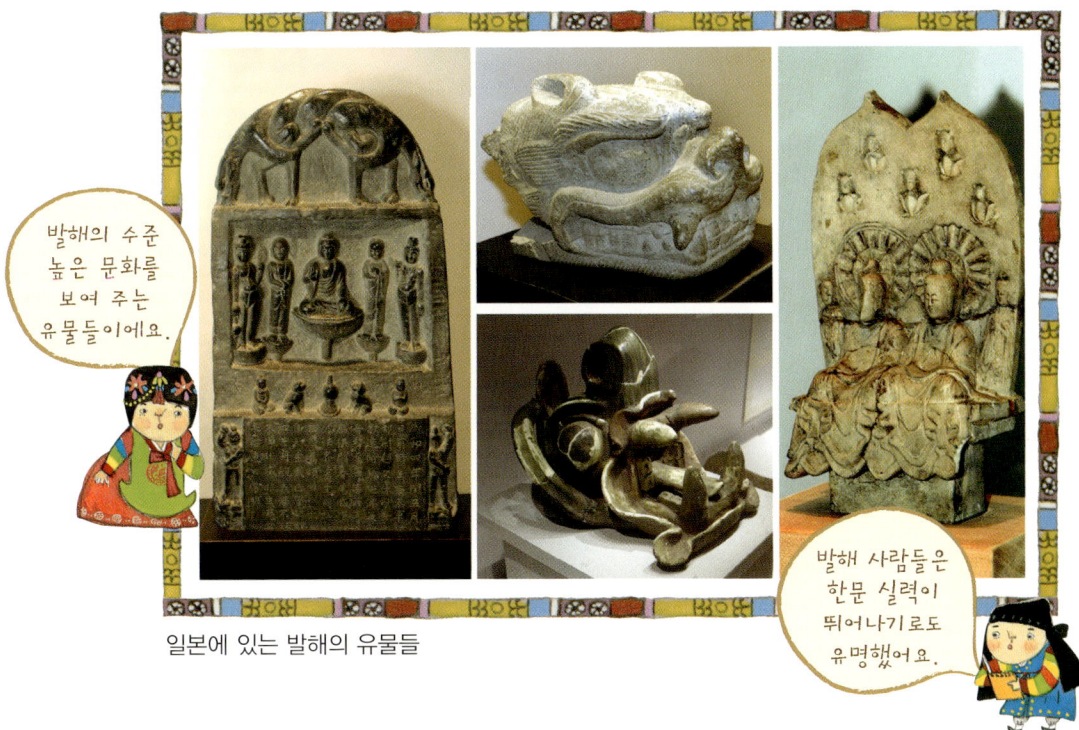

발해의 수준 높은 문화를 보여 주는 유물들이에요.

일본에 있는 발해의 유물들

발해 사람들은 한문 실력이 뛰어나기로도 유명했어요.

고 발해를 멀리했어요.

"할 수 없지. 바다 건너 일본에게 도움을 얻어야겠다. 그래서 신라의 힘을 억누르고, 당나라와 싸울 준비를 해야겠다."

무왕은 바다 건너 일본에 사신을 보냈어요. 그때 일본은 우리나라보다 발전이 늦었던 나라였기 때문에, 발해의 사신이 갈 때마다 극진히 대접했지요. 일본의 왕은 신하들 가운데에서도 한문 실력이 가장 뛰어나고 똑똑한 사람을 뽑아 발해의 사신을 맞이했어요.

이렇게 해서 발해는 더욱 빠르게 발전했어요.

발해는 어느새 가장 넓은 영토를 지닌 강한 나라가 되었어요. 이때 발해인의 기상이 얼마나 용맹스러웠던지 '발해 사람 세 명이면 호랑이를 때려잡는다.'라는 말이 나돌 정도였다고 해요.

무왕의 뒤를 이은 문왕은 당나라와의 싸움을 그만두고 친하게 지내기로 했어요.

"영토 싸움은 이제 그만둬야 할 때가 된 듯하군. 이제는 나라 안을 다스리는 데 더욱 힘을 기울여야겠어."

그때 당나라 곳곳에서는 크고 작은 반란이 일어나 나라 안이 몹시 어지러웠어요. 그중 9년 동안 당나라를 뒤흔든 '안사의 난'은 발해의 도읍지였던 동모산 일대에도 영향을 미쳤어요. 발해의 세 번째 왕인 문왕은 고민에 빠졌어요.

"당나라에서 일어난 난리 때문에 도읍지 어디를 가나 마음을 놓을 수가 없구나. 도읍을 옮기는 게 좋겠어. 어디가 가장 좋을까?"

문왕은 깊이 생각했어요. 그때 발해의 땅은 고구려가 가장 넓은 땅을 차지했을 때보다도 훨씬 더 넓었지요. 넓은 땅을 잘 다스리려면 도읍지는 어느 쪽으로나 교통이 편리하

고, 안전한 곳이어야 했어요. 문왕은 나라 구석구석까지 갈 수 있는 길을 닦기 위해 길이 한군데로 모아지는 곳을 찾았어요.

"바로 여기야, 상경! 목단강이 흘러 땅이 기름지고 어느 곳으로나 길을 낼 수 있는 곳이야. 여기로 도읍을 옮겨야겠다!"

상경은 지금의 만주 흑룡강성 영안현 동경성이에요. 이로써 발해의 영토는 남으로는 신라와 국경을 맞대고, 동쪽으로는 동해, 북으로는 흑룡강, 서쪽으로는 거란과 맞닿았어요. 지금의 북한 땅 전부와 중국의 만주, 러시아의 연해주가 모두 발해의 땅이었던 셈

발해의 수도 상경

목단강이 흐르는 상경은 땅이 기름지고 교통이 편리했어요.

77

이지요. 그리고 그 넓은 땅의 수도로 상경이 굳건히 자리를 잡았어요.

발해는 전국을 크게 5경으로 나누었어요. 지금 우리나라를 여러 도로 나눈 것과 비슷하지요. 5경은 상경, 동경, 서경, 남경, 중경을 말해요.

그중 수도였던 상경은 당나라의 도읍지였던 장안성 다음으로 큰 도시였어요. 상경의 중심에는 커다란 시장이 있었고, '주작대로'라고 곧게 뻗은 큰길이 있었어요.

이 길은 5경을 서로 잇고, 영주도와 조공도로도 이어져 당나라로 가는 길, 거란으로 가는 길, 신라로 가는 길, 일본으로 가는 길

이 되었어요. 또 담비의 길을 따라 머나먼 시베리아와 중앙아시아까지 갈 수 있었지요. 그야말로 '아시아의 모든 길은 상경으로 통한다.'고 해도 과장이 아니었어요. 상경의 시장에는 당나라와 일본 등지에서 온 물건들이 가득 했어요.

"이곳에는 정말 없는 것이 없군."

외국에서 온 사신들은 넘쳐 나는 물건에 눈이 휘둥그레졌어요. 특히 발해의 특산물인 말과 담비 모피는 무척 인기가 좋았어요. 담비 모피를 수출하던 길에는 '담비의 길'이라는 이름이 붙을 정

도였지요.

　　상경의 시장에서는 여러 나라에서 가지고 온 물건들을 맞바꿔 사고파는 일들도 많았어요.

　"이번에 중국 당나라에서 들어온 서책은 참으로 훌륭한 내용이 많이 담겨 있습니다. 한번 보십시오."

　"일본에서 건너온 비단인데, 어떻소? 아름답지요?"

　상경의 상인들은 다른 나라에서 들여온 물건을 필요로 하는 나라에 되파는 일과 각 나라의 상인을 서로 소개시켜 주는 일을 맡아 했어요. 그러면

서도 발해에서 나는 인삼과 모피를 여러 나라에 팔아 많은 이득을 얻었지요.

발해는 상경의 번성으로 230년 동안 역사를 이어 갔어요. 남쪽에서 신라가 다시 후삼국으로 갈라져 궁예, 견훤, 왕건이 다투고 있을 때에도 발해는 여전히 발전했지요. 하지만 926년, 몽골의 초원 지대에서 힘을 길러 오던 거란이 쳐들어와 도읍지인 상경이 포위되고 말았어요.

모든 길이 통하던 상경을 거란에 빼앗기자, 발해는 며칠 만에 무너지고 말았어요. 살아남은 발해 유민들은 뿔뿔이 흩어졌고, 많은 유민들은 고려로 가서 다시 역사를 이어 가게 되었답니다.

백두 낭자·한라 도령과 함께 찾아가는 우리 옛 도읍지

발해의 역사를 알려 주는 정효 공주 무덤

발해는 오랫동안 수수께끼로 둘러싸였던 나라예요. 그런 발해 역사의 신비를 벗겨 주었던 유물이 있어요. 바로 문왕의 둘째 딸 정혜 공주와 넷째 딸 정효 공주의 무덤이랍니다. 이 두 무덤에서는 발해의 여러 가지 유물과 벽화, 비문들이 나왔어요. 함께 조사하러 떠나 볼까요?

 발해 문왕의 두 공주 이야기를 들어 볼까요?

두 공주는 용모가 빼어나고 시와 글짓기에 뛰어났어요. 정효 공주는 훌륭한 배필을 만나 결혼해서 예쁜 딸도 낳았어요. 그러나 남편과 딸이 일찍 죽어 혼자 살다가 36세의 젊은 나이로 세상을 떠났어요. 정혜 공주 역시 40세의 젊은 나이로 세상을 떠났지요.

발해의 무덤에서 나온 유물들이예요. 거울, 허리띠 장식, 뒤꽂이 등이지요.

문왕은 딸들이 죽자 얼마나 슬펐던지 먹지도 마시지도 않았다고 해요. 나랏일을 제대로 돌보지 못할 정도였다고 하니 그 슬픔이 어느 정도였는지 짐작이 가지요?

 **정효 공주 무덤에는 벽화가 그려져 있어요. 무엇을 그렸을까요?**

벽화에는 12명의 사람들이 그려져 있는데, 궁전을 지키는 무사와 공주의 몸종, 악사, 우산을 받쳐 주는 하인들이 잘 표현되어 있어요. 벽화 속 발해 사람들은 모두 둥그스름한 얼굴에 통통한 몸집으로 보기 좋게 살찐 모습이에요.

무덤에서는 발해 사람이 직접 쓴 비문도 나왔어요. 수준 높은 한문으로 씌어진 이 비문은 발해의 많은 것을 알려 주고 있어요.

우리나라 역사에서 가장 넓은 영토를 가졌던 발해는 지금은 중국, 러시아, 북한에 모두 속해 있어요. 그래서 발해를 연구하기가 무척 힘들답니다. 하지만 우리 역사 속 중요한 부분을 차지하는 나라인 만큼, 발해를 연구하려는 노력은 계속되어야 할 거예요.

발해의 역사를 말해 주는 정효 공주 무덤 벽화예요.

한반도 서남쪽에서 백제를 이은 후백제

고구려와 백제를 무너뜨리고 삼국을 통일한 신라는 한반도의 중부와 남부를 차지하고 200여 년쯤 번영을 누렸어요.

통일 신라의 도읍지였던 금성은 풍요롭고 활기가 넘치는 곳이었어요. 이곳 사람들은 매우 풍요롭게 살았지요. 특히 귀족들의 생활은 더할 나위 없이 호화로웠어요. 귀족들은 나랏일에는 신경을 쓰지 않고 날마다 술잔치를 벌였어요. 금성에 사는 귀족들의 이런 낭비로 다른 지방 사람들의 살림은 날로 어려워졌지요.

"이게 뭐람? 우리는 뼈 빠지게 농사를 지어도 늘 가난한데 금성

귀족들은 배불리 먹고 놀며 편안한 생활을 누리다니."

"에잇! 이렇게는 못 살겠다!"

마침내 다른 지방 농민들이 호미와 곡괭이를 들고 일어나기 시작했어요. 농민들은 도읍지인 금성 근처까지 쳐들어와 귀족들의 간담을 서늘하게 했지요.

시간이 지날수록 금성의 귀족들은 그저 금성만 간신히 지킬 뿐 다른 지방을 다스릴 힘이 없었어요. 그 틈을 타 지방 곳곳에서는 힘을 가진 사람들이 군사를 모아 장군이 되었어요. 이들은 자신들이 사는 지방을 지배하기 시작했어요. 직접 세금을 거두고 백성들을 다스렸지요.

이러한 사람들을 '호족'이라고 불렀지요. 신라의 여러 지방에는 수많은 호족들이 나타나기 시작했어요. 그중 세력이 가장 큰 호족이 견훤이었어요.

견훤의 아버지인 아자개는 아주 부유한 농민이었어요. 아자개는 가지고 있는 많은 재물을 써 지방 사람들을 모았지요. 군사도 모아 힘을 키우고, 마침내 주변 마을을 다스리는 장군이 되었어요.

견훤은 어려서부터 힘이 매우 세고 용감했어요. 자라서는 아버지의 뒤를 이어 군인이 되었지요. 하지만 지위가 높은 장군이 아니라 지방의 한 부대를 이끄는 정도였어요.

　견훤은 신라의 서남쪽 해안을 지키는 임무를 받고 지금의 전라도 지방으로 갔어요. 그곳은 예전의 백제 땅으로, 풍요로웠던 백제 시절을 그리워하는 사람들이 살고 있었지요.

"아! 황금 들판에 곡식이 익어 가니 백제 시절이 그립구먼!"

"그때는 참 좋았지. 모든 것이 풍부하고 여유로웠는데……."

"지금은 살기가 너무 힘들어. 신라 귀족들만 배불리 잘 먹지."

　견훤은 어디를 가나 옛 백제를 떠올리며 그리워하는 백성들의

견훤산성

이곳은 신라의 산성이었는데 견훤이 이곳에서 머물며 군사를 길렀다고 해서 견훤산성이라 해요.

목소리를 들었어요.

'가만있자, 백성들이 이렇게 예전을 그리워한다면 예전으로 되돌아가야 하지 않을까? 신라의 귀족들은 백성들을 생각하지 않아. 일단 이곳에서 힘을 얻어야겠다.'

견훤은 군사 5천 명을 거느리고 무진주로 가서 땅을 차지한 뒤, 신라에게서 독립을 했어요. 하지만 아직 완전한 나라를 세우지는 못했어요.

견훤은 왕이 아닌 '신라서면도통행전주자사 겸 어사중승상주국한남군개국공'이라는 아주 긴 이름으로 불렸어요. 무진주에서 지내는 8년 동안 견훤은 나라를 세우기 위한 준비를 하나하나씩 해 나갔어요. 그런데 이때는 터가 좋아야 나라가 발전하고, 백성들도 잘 산다는 풍수지리설이 퍼지기 시작할 때였어요.

견훤이 자리를 잡은 전라도 지역에는 도선이라는 스님이 있었어요. 도선 스님은 일찍이 출가하여 중국에 유학까지 다녀온 매우 실력 있는 풍수지리학자이기도 했어요.

도선 스님은 태어날 때부터 남달랐지요. 여기서 도선 스님의 이야기를 잠깐 해 줄게요.

신라 흥덕왕 때의 일이에요. 전라도 영암에서 한 부인이 냇가에서 빨래를 하고 있었어요. 그런데 냇물에 푸른빛이 나는 참외 한 덩이가 둥둥 떠내려오지 않겠어요?

"어머나, 신기해라. 이렇게 푸른 참외는 처음인걸?"

부인은 참외를 건져 맛있게 먹었어요. 그러자 며칠이 지나 부인의 배가 불러 왔어요. 부인은 맵고 냄새나는 음식을 피하고 열심히 불경을 외웠어요. 그리고 얼마 뒤 건강한 사내아이를 낳았지요.

"참외를 먹고 아이를 낳다니 말이 되는 소리냐? 당장 이 아이를 숲 속에 내다 버려라."

가족들은 사내아이를 숲 속의 돌 위에다 두고 와 버렸어요. 하지만 부인은 아이 생각에 자지도 먹지도 않고, 날이 갈수록 야위어 갔어요. 부인을 안타깝게 여긴 가족들은 다시 숲으로 가 보았어요. 그랬더니 비둘기 떼들이 모여들어 아이를 날개로 덮어 지켜 주고 있는 게 아니겠어요?

"이 아이는 예사롭지 않아. 분명히 하늘이 내린 아이야."

가족들은 아이를 다시 집으로 데려와 키웠어요.

이 아이가 자라 도선 스님이 되었어요. 도선 스님은 자신의 고향인 전라도에서 풍수지리설을 널리 전했어요.

사람이 살아가는 데 산과 땅과 물이 큰 영향을 미친다는 풍수지리설은 당시 지방 호족들에게 큰 인기가 있었어요. 도선 스님은 신라의 도읍지였던 금성뿐 아니라, 지방의 다른 여러 곳도 명당이라고 주장했거든요. 이것은 귀족이 있는 도읍지 금성에서 벗어나 있는 지방 호족들에게 힘을 실어 주는 일이 되기도 했어요. 그 때문에 견훤도 풍수지리설을 매우 중요하게 생각했지요. 게다가 견훤은 튼튼한 나라를 세우려는 준비를 하고 있었어요.

 '풍수지리설을 따라서 좋은 곳에 도읍을 정하고 나라를 세워야 할 텐데…….'

 견훤은 도선 스님의 가르침을 얻고자 무척 애를 썼어요. 확실한 기록은 없지만, 도선 스님의 가르침에 따라 견훤은 8년이나 있었던 무진주를 떠나 완산주로 간 것으로 전해져요.

 견훤은 완산주를 도읍으로 삼고 스스로 왕이 되어 나라 이름을

'백제'라고 지었어요. 이것이 후백제예요. 여기서 '후'는 그 전에 세워진 나라인 백제와 구별하려고 나중 사람들이 붙인 이름이지요. 원래 견훤이 나라를 세울 때는 백제라고 했어요.

완산주에서 견훤은 '백제 의자왕의 원한을 갚겠다.'고 말했어요. 백제 사람도 아니었던 견훤이 그렇게 말한 이유는 무엇이었을까요?

견훤이 처음 세력을 뻗었던 무진주와 나라를 세우며 도읍으로 삼은 완산주는 지금의 전라도 광주와 전주예요. 모두 옛날 백제의 땅이지요. 견훤은 그곳에 사는 백성들의 마음을 얻으려고 했어요. 그곳 사람들은 모두 백제의 후손임을 자랑스럽게 생각하며 백제

를 그리워했으니까요. 견훤은 사람들의 마음을 얻기 위해 자신이 백제를 이어 받았다고 했던 것이랍니다.

이렇게 견훤이 세운 백제는 오늘날의 한반도의 서남쪽인 전라도와 충청도를 차지하고 신라를 위협했어요. 다른 나라에도 백제를 당당하게 알리려고 한 견훤은 외교에 힘을 기울였어요. 일본과 거란에 사신을 보내 교류하고, 중국의 오월, 후당과도 국교를 맺었지요. 하지만 이렇게 발전하던 후백제도 왕건과 고창에서 벌인 전투에서 진 뒤 점차 힘을 잃었어요.

왕실 안에서 일어난 문제도 후백제의 국력을 약하게 했어요. 견훤의 맏아들 신검을 따르는 무리와 넷째 아들 금강을 따르는 무리들이 끊임없이 권력 다툼을 벌였거든요. 맏아들 신검은 견훤이 왕위를 물려주려고 했던 금강을 죽이고, 아버지인 견훤마저 금산사에 가둬 버렸어요. 그러고는 후백제의 왕이 되었지요. 하지만 가까스로 도망쳐 나온 견훤이 왕건과 손을 잡고 자기가 세운 나라인 후백제를 공격하는 일이 일어났어요. 아버지와 아들이 적이 되어 서로에게 칼을 겨누게 된 거예요.

이렇게 해서 왕건과 견훤 부대에게 패한 후백제는 나라가 세워진 지 45년 만에 무너지고 말았답니다.

백두 낭자·한라 도령과 함께 찾아가는 우리 옛 도읍지

견훤의 발자취가 느껴지는 동고산성

전라북도 전주시 완산구 교동에는 견훤이 후백제를 세울 때 지은 동고산성이 있어요. 4미터의 높이에 15킬로미터나 뻗어 나간 이 동고산성은 견훤의 왕궁을 둘러쌌던 성으로 여겨지고 있답니다. 이곳의 역사를 알아 볼까요?

 동고산성은 견훤이 도읍지와 궁궐을 지키려고 세운 성이에요.

견훤은 "백제는 13만 당나라군을 끌어들인 신라에 멸망하였으니 내가 나라를 다시 세워 그 한을 풀겠다."라고 말하며 완산주에 도읍을 정하고 후백제를 세웠어요. 완산주에는 동서남북으로 4개의 진지를 세우고, 진지 안에는 절과 성벽을 쌓았지요.

이 중 동고산성은 견훤의 궁

견훤이 쌓은 동고산성이에요.

궐을 방어하는 산성이었다고 해요. 동고산성의 옛 궁궐터에서 나온 기와에는 '전주성'이라는 글씨가 새겨져 있어요. 산성을 지었을 때 전주성이라고 부른 흔적이지요. 그런데 지금은 왜 동고산성이라고 부를까요? 조선 시대에 동고산성 건너편에 있는 산성을 남고산성이라고 하면서 바꾸어 부르게 되었어요.

 **후백제를 세운 견훤의 자취가 동고산성에 고스란히 새겨져 있어요.**

동고산성이 발굴되었을 때 나온 기와에는 봉황 두 마리와 무사 두 명이 서로 창을 겨누는 모양이 새겨져 있어요. 이것으로 보아 궁궐의 기와였음을 알 수 있지요.

또 동고산성에서는 우리나라에서 발굴된 것 중 가장 큰 건물 터가 발견되었는데, 견훤의 궁궐이 있었던 곳으로 짐작돼요. 비록 궁궐은 사라지고 터만 발견되었지만, 견훤의 발자취가 느껴지는 곳이지요.

지금까지 그 흔적이 남아 있는 후백제 왕궁 터의 흔적이에요.

강원도 땅에서 통일을 꿈꾼 후고구려

　견훤이 완산주에서 후백제를 세울 무렵, 지금의 강원도 원주 북원이라는 곳에는 양길이라는 호족이 살았어요. 양길에게는 궁예라는 부하가 있었지요.

　궁예는 같은 시대의 유명한 장수였던 견훤이나 왕건과 다르게 아주 불우한 어린 시절을 보냈어요. 전해 오는 이야기에 따르면 궁예는 신라의 왕자였다고 해요. 경문왕의 아들이라고도 하고, 헌안왕의 아들이라고도 하지요. 장보고의 도움을 받아 왕위에 올랐던 신라 신무왕의 손자라는 이야기도 있어요. 모두 궁예의 생

애를 알려 주는 정확한 자료가 거의 없기 때문에 사람들이 짐작한 여러 가지 이야기들이지요.

그러나 궁예가 자라서 세달사라는 절에 들어가 스님이 되었다는 것은 사실로 기록되어 있어요. 세달사의 스님으로 있는 동안 궁예는 승려들이 지켜야 할 규율이나 규칙에 그다지 얽매이지 않았어요. 오히려 담력이 무척 세고 통이 커서 스님보다는 장군이 어울렸지요.

그러다 세달사를 떠나 양길의 부하가 된 궁예는 뛰어난 담력과 용맹함을 발휘해서 군사들을 거느리는 장군이 되었어요.

궁예는 부하들에게 친절했고, 상과 벌을 줄 때도 매우 공평했기 때문에 인기가 많았어요. 그리하여 궁예를 따르는 군사들은 나날이 늘어 갔지요. 얼마 뒤, 강원도 일대의 군사들은 대부분 궁예를 따르는 무리가 되었어요. 마침내 궁예는 송악을 근거지로 삼아 큰 힘을 기르게 되었어요.

그러자 예성강 서쪽의 호족들도 궁예의 부하가 되겠다고 찾아왔어요. 예성강 서쪽은 '패서'라고 불렸는데, 옛날 고구려의 땅이었어요. 궁예의 부하가 된 사람으로는 훗날 고려를 세운 왕건의 아버지인 왕륭도 있었지요. 왕륭은 송악의 호족이었어요. 송악은 나중에 고려의 도읍이 된 곳으로 지금의 개성이랍니다.

"충성을 다하겠습니다. 저를 신하로 받아 주십시오. 그리고 저의 아들을 철원의 성주로 삼아 주십시오."

왕륭의 부탁에 궁예는 귀가 솔깃했어요.

'조상 대대로 해상 무역을 해 온 부자가 나의 신하가 되겠다고? 나의 힘과 왕륭의 재산이 합쳐지면 그야말로 최고의 권력을 가진 지배자가 되겠군.'

궁예는 왕륭이 여러모로 쓸모가 있겠다고 생각하고 그의 부탁을 들어주었어요. 그리고 왕륭의 아들 왕건은 궁예의 신임을 받아 철원 땅을 다스렸어요. 어느 날 궁예가 왕건을 불렀어요.

"지금부터 내가 하는 말을 잘 들어라. 나는 곧 나라를 세울 것이다. 그러려면 먼저 양길을 공격해서 강원도 땅을 완전히 내 손에 넣어야만 한다. 그 일을 네가 맡아야겠다."

궁예의 명령대로 왕건은 양길을 공격해 그 땅을 빼앗았어요. 그리하여 동쪽 강원도 일대는 모두 궁예의 땅이 되었지요. 이렇게 옛 고구려 땅의 일부를 차지하게 된 궁예는 나라를 세우고 스스로 왕이 되었어요.

궁예는 신라에게 멸망한 고구려를 대신해 복수하겠다며 옛 고구

려 땅에 사는 백성들의 마음을 얻었어요. 궁예는 왕위에 오른 뒤 절대적인 힘을 가진 왕이 되고자 했어요. 모두가 자기에게 복종하게끔 만들고 싶었지요. 하지만 그러려면 호족들의 힘을 빼앗아야 했어요.

당시 가장 힘이 셌던 호족은 바로 송악 지역의 호족들이었어요. 궁예가 처음 나라를 세울 때 도움을 주었던 송악의 호족들이 이제는 오히려 걸림돌이 되었지요.

"여기 송악은 패서 호족들의 고향이야. 이곳에서는 내가 더 이상 힘을 얻을 수가 없어. 도읍을 옮겨야겠다. 서북쪽의 철원으로 가야겠어."

이렇게 궁예는 후고구려의 도읍을 철원으로 옮겼어요. 나라 이름도 '태봉'이라고 바꿨어요. 태봉은 '서로 뜻을 같이하여 편히 사는 세상'이라는 뜻이에요. 궁예는 철원에서 자신의 뜻을 펼치고자 했어요.

철원으로 도읍을 옮긴 궁예는 더욱 힘을 기르고 영토를 넓혀 갔어요. 후고구려는 철원을 중심으로 강원도, 경기도, 황해도 대부분을 차지했어요. 또 평안도와 충청도의 일부까지 차지하면서 후백제나 신라보다 훨씬 더 많은 땅을 갖게 되었어요.

"이제 내가 이 나라를 통일할 것이다."

궁예는 왕건에게 명령했어요.

"바다로 향해라. 나주를 공격해서 후백제를 꼼짝 못하게 하라!"

왕건이 이끄는 부대는 바닷길을 통해 전라도 나주를 차지했어요. 그리하여 후백제 땅 한복판에 후고구려의 본거지를 만들었어요. 이렇게 땅이 넓어지자 궁예는 커다란 궁궐을 지었어요. 그리고 신라 시대부터 내려오던 골품제를 없앴어요. 골품제는 사람이 태어나면서부터 신분이 정해지고, 신분에 따라 올라갈 수 있는 관직도 정해지는 제도였지요.

궁예는 사람들이 각자의 능력에 따라 관직에 나갈 수 있도록 제도를 바꾸려 했어요. 그러자 골품제 덕분에 특별한 권리를 누리던 귀족들은 궁예에게 거세게 반발했어요.

"허허, 그것 참. 신분이 없어지는 세상이라니 무슨 그런 말도 안 되는 일이 있단 말이오."

"아무래도 궁예는 미친 것이 분명하오. 미치지 않고서야 어찌 그리 뜬구름 잡는 소리만 할 수 있겠소?"

귀족들은 모이기만 하면 수군거리면서 불만을 터뜨렸어요. 만약 궁예가 뜻을 이룬다면 자신들의 권력은 하루아침에 물거품이 되기 때문이었어요.

궁예가 송악에서 철원으로 도읍을 옮기자 힘이 약해진 패서 호족들의 불만도 날이 갈수록 높아져 갔지요.

게다가 궁예는 자신이 부처 다음에 나타나 세상을 구원하는 미륵이라고 하면서 자신에게 반대하는 사람들을 모조리 죽였어요. 그중에는 부인 강 씨와 두 아들도 있었어요. 궁예의 부인이었던 강 씨는 패서 호족의 딸이었어요. 패서 호족은 궁예의 눈엣가시였기 때문에 자신의 부인을 죽여 호족들을 위협하려고 했던 거예요. 하지만 이러한 궁예의 행동은 다른 사람들이 보기에는 영락없이 미친 사람의 행동이었어요.

"저것 봐. 미치지 않고서야 어찌 자기 부인과 자식을 죽인단 말이야?"

"궁궐에서 이토록 많은 사람들이 죽어 나가다니!"

"미쳤군, 궁예는 정말 미쳤어. 저런 사람이 나라의 왕이 되어선 안 돼."

궁예의 군대를 이끌던 최고 장군인 홍유, 신숭겸, 복지겸, 배현

경 등은 마침내 궁예를 몰아내기 위해 반란을 일으켰어요.

자신의 군대를 이끌던 장군들이 등을 돌리자, 궁예는 별다른 힘도 써 보지 못하고 쫓겨나고 말았지요. 더 이상 궁예를 위해 싸울 군대가 없었던 거예요. 오로지 한 사람 은부와 친위대 몇몇만이 궁예 곁에 남았다고 해요.

쫓겨난 궁예는 산골을 헤매다 배가 고픈 나머지 농가의 보리 이삭을 몰래 잘라 먹었어요. 그러다 보리밭의 주인에게 들켜서 맞아 죽었다고 해요. 한 나라를 세우고 호령하던 궁예가 맞이한 죽음은 이처럼 비참했어요.

백두 낭자 · 한라 도령과 함께 찾아가는 우리 옛 도읍지

궁예의 슬픔이 서려 있는 명성산

후고구려의 도읍지였던 강원도 철원에는 궁예에 대한 여러 가지 전설이 전해지고 있어요. 궁예가 백성들에게 맞아 죽은 게 아니라, 왕건의 군대에 맞서 끝까지 용감하게 싸웠다는 이야기와 스스로 목숨을 끊었다는 이야기도 있어요. 또 궁예가 죽은 뒤, 모든 사람이 우러러보는 신이 되었다고도 하고요. 궁예의 뒷이야기를 함께 알아볼까요?

명성산은 궁예가 반란을 일으킨 군대에게 쫓겨 숨은 곳이에요.

명성산은 강원도 철원시와 경기도 포천시에 걸쳐 있어요. 궁예는 이곳에서 남은 군사들과 함께 다시 한 번 일어날 수 있는 기회를 노렸어요. 하지만 힘이

명성산의 자인사예요.

약해질 대로 약해진 궁예는 결국 다시 일어나기를 포기했어요. 그리고 군대를 해산시켰답니다.

 **나라 잃은 궁예의 울음이 서린 명성산은 울음산을 뜻해요.**

궁예는 나라를 잃은 슬픔에 통곡했어요. 궁예를 따르던 부하들도 땅을 치고 슬피 울었어요. 그 울음소리가 하늘을 울리고 땅을 흔들었지요. 그러자 산도 따라 울고 부하들의 말도 함께 따라 울어 울음바다를 이루었어요. 명성산은 울음산을 한자로 쓴 것이에요. 산꼭대기에는 궁예 바위가 있지요. 명성산은 산정호수로도 유명한 곳이에요.

그런데 궁예는 정말 비참하게 죽은 걸까요? 그건 아무도 몰라요. 하지만 왕건이 고려를 세운 뒤에도 왕건에 반대하는 반란이 여기저기서 일어난 것을 볼 때, 궁예가 그렇게까지 잔인하지는 않았고 민심을 완전히 잃지도 않았을 거라는 의견도 있어요.

명성산의 산정호수예요. 산정호수는 울음바다를 이루었다는 궁예와 부하들의 눈물을 떠올리게 하지요.

상업이 발달했던 활기찬 나라 고려

후백제, 후고구려, 신라가 치열하게 경쟁을 하던 후삼국 시대가 끝났어요. 왕건이 고려를 세움으로써 한반도는 또다시 하나의 나라가 되었어요.

왕건은 송악의 호족으로, 고려를 세울 때 송악산 기슭 아래에 있는 개경에 도읍을 정했지요. 개경은 개성, 송도, 송악이라고도 불렸어요. 그러니 송악은 곧 개경을 뜻하지요.

500년의 역사를 이루어 간 고려의 도읍지로서 개경은 나무랄 데 없이 훌륭한 곳이었어요. 한반도의 중간에 자리 잡고 있는 개경에

서는 어느 도시로도 쉽게 갈 수 있었어요.

 개경을 가운데 두고 양쪽으로 흐르는 예성강과 임진강은 동쪽에서 흘러온 한강과 만나 황해로 흘러 들어갔지요. 그 때문에 개경은 중국뿐만 아니라 저 멀리 아라비아 상인들까지 드나들며 무역을 하는 아주 좋은 장소였어요. 그런 개경을 여러 나라가 탐낸 탓에 고려는 오랜 세월 전쟁을 겪었어요.

 태조 왕건이 고려를 세울 무렵 중국도 빠르게 변하고 있었어요. 중국의 주인이었던 당나라가 멸망하자 만주에 있던 거란과 여진은 중국을 차지하려고 호시탐탐 기회를 노렸어요. 그러자 중국에

저것들에게는 물 한 모금도 주지 말아라!

새로 세워진 송나라는 고려와 친하게 지내고 싶어 했어요. 고려와 손을 잡고 거란과 여진을 물리치려 했던 거예요.

고려의 태조 왕건 역시 거란을 멀리했어요. 거란은 발해를 멸망시킨 나라였거든요. 어느 날 거란은 고려에게 국교를 맺자고 사신을 보내면서 낙타 50마리를 함께 선물로 보내왔어요. 그러자 태조 왕건은 노발대발했어요.

"내가 저 오랑캐 무리와 한 자리에 앉아 국교를 맺을 것 같으냐! 당장 저 거란의 사신들을 섬으로 유배시켜라!"

그러고는 선물로 보내온 낙타들을 개경 한복판에 있는 다리인 만부교 밑에 매어 놓게 했어요.

"저것들에게 물도 먹이도 주지 마라!"

결국 낙타들은 모두 굶어 죽고 말았어요. 이런 일이 있은 뒤 고려는 송나라와 국교를 맺었어요. 그러자 거란이 고려로 쳐들어와 30여 년 동안이나 전쟁을 하게 되었어요.

거란의 첫 번째 침입 때 고려는 서희라는 장군의 활약으로 큰 싸움 없이 거란군을 물리쳤어요. 서희는 단 몇 마디의 말로 거란군을 물러나게 했지요. 서희는 어떤 활약을 했을까요?

거란이 압록강을 넘어 고려로 쳐들어올 때의 군사는 80만 명이 넘었어요. 놀란 고려의 신하들은 평양의 북쪽 땅을 떼어 주고 거란과 화해하자며 벌벌 떨었어요. 이때 서희가 나섰어요.

"적의 수만 보고 놀라서 벌벌 떨다니요? 거란이 쳐들어온 것은 가주와 송성, 두 성을 뺏으려는데 지나지 않습니다. 제가 거란 쪽으로 가서 협상을 하겠습니다."

서희는 당당하게 거란의 총사령관 소손녕을 만나러 갔어요. 먼저 소손녕이 말했어요.

"고려는 옛 신라로부터 일어난 나라요. 옛 고구려 땅은 이미 우리 영토가 되었소. 그런데 왜 고려가 우리 땅인 요양을 침범하여 그 땅을 차지하고 있는 것이오? 또 우리와 국경을 맞대고 있으면서 어찌 바다 건너 송나라와 국교를 맺는 것이오?"

그러자 서희는 차분하고 당당하게 말을 이어 갔어요.

"그렇지 않소. 고려는 고구려를 이은 나라요. 그렇기 때문에 나라의 이름을 고려라 하였고 도읍 역시 평양으로 정한 것이오."

고구려의 역사를 잘 아는 서희는 개경이었던 고려의 도읍을 평양이라 속여 대답했지요.

"또 거란의 요양은 원래 고구려의 땅으로 우리 영토가 되어야 마땅하오. 압록강 부근 역시 우리 영토인데 그 사이에 여진이 끼어들어 우리가 다니는 데 불편함이 많소. 거란과 국교를 맺지 못하는 것은 바로 여진 때문이오. 그러니 여진을 몰아내고 성을 쌓아 길이 통하게 되면 어찌 그대들과 국교를 맺지 않겠소?"

서희는 거란이 쳐들어온 속셈을 잘 알았어요. 거란은 고려에게 송나라와의 관계를 끊고 자기들과 국교를 맺자는 거였어요. 또 서희는 거란과 여진, 송나라에 둘러싸여 있는 고려가 어떻게 해야 좋을지도 알고 있었어요. 그래서 고려가 고구려를 이은 나라라 대답하고, 수도 역시 개경이 아닌 평양이라고 한 거예요. 서희의 활약으로 고려는 많은 것을 얻었어요.

그 일이 있은 다음 거란은 압록강 서쪽에 다섯 개의 성을 쌓아 고려로 통하는 길을 냈어요. 고려는 압록강에 있던 여진족을 몰아내고 개경 위쪽으로 여섯 개의 성을 쌓았어요. 홍화진, 용주, 철주, 통주, 곽주, 귀주에 쌓은 여섯 성이 바로 강동 6주예요.

강동 6주는 도읍 개경으로 통하는 길목에 있는 위치한 천연의 요새였어요. 또 교통과 무역의 중심이 되는 곳이었지요. 여기서 모든 무역이 이루어졌다고 볼 수 있어요. 그러니 강동 6주를 내준 거란은 땅을 치고 후회할 노릇이었지요.

거란은 여러 차례 다시 전쟁을 일으켰지만 고려는 잘 견뎌냈어요. 모두 개경 주변에 훌륭하게 쌓은 성 덕분이었답니다. 거란군이 마지막으로 쳐들어왔을 때는 개경을 거의 손에 넣을 뻔했어요. 도읍지 개경은 비상사태에 들어갔어요.

"개경 주변의 백성들은 모두 근처 성으로 몸을 피하시오! 곡식은 한 톨도 남기지 말고, 우물도 모두 메워 버려야 합니다!"

백성들은 침착하게 몸을 피했어요. 거란이 쳐들어왔을 때는 개경 주변에 개미 새끼 한 마리도 보이지 않았지요. 식량과 물이 떨어진 거란의 군사들은 점점 지쳐 갔어요. 그리하여 고려에게 진 거란은 다시는 고려를 침략하지 않았어요.

고려는 교통이 편리한 도읍지 개경 덕분에 상업이 매우 발달했어요. 집안 대대로 해상 무역을 해온 태조 왕건은 나라를 세울 때부터 개경에 커다란 상가를 짓고 상업을 발달시켰어요.

개경의 서쪽에는 국제적인 무역항인 벽란도가 있었어요. 이 벽란도는 도읍지 개경과 무척 가까웠어요. 이 벽란도에서 개경까지

는 수없이 많은 가게들이 즐비하게 들어서 있었어요. 비 오는 날, 가게의 처마 밑을 따라 걸으면 개경에 도착할 때까지 비 한 방울 맞지 않을 정도였다고 해요.

개경에는 여러 곳에 시장이 있었어요. 일반 상인뿐만 아니라,

　나라에서 운영하는 시장이 있었는데 이것을 '시전'이라고 했어요. 개경 한복판에 쭉 뻗은 큰길인 '남대가'에는 시전이 늘어서 있었지요. 종이를 파는 지전, 차를 파는 다점, 말을 파는 마전, 기름을 파는 유시 같은 곳은 모두 나라에서 운영하는 시전이었어요.

　이렇듯 개경은 매우 활기찬 큰 도시였어요. 그 당시 인구가 50만 명이나 되었다니 참으로 놀라운 일이지요?

백두 낭자·한라 도령과 함께 찾아가는 우리 옛 도읍지

한때 고려의 도읍지였던 강화 고려 궁지

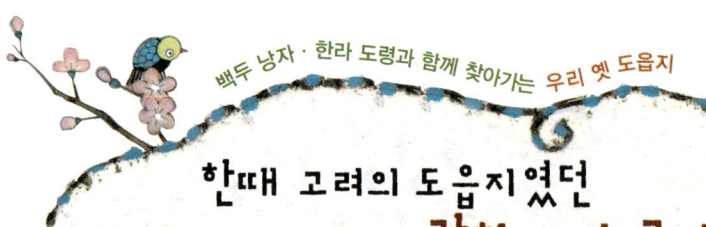

개경을 도읍으로 삼은 고려는 발전했어요. 하지만 귀족들 사이에 문제가 생겼어요. 오랫동안 정치를 해 온 문신들이 힘이 세지자, 군사들을 다스리는 무신들을 차별하기 시작한 거예요. 참다못한 무신들은 반란을 일으켰어요. 이 일로 고려는 큰 변화를 겪게 돼요. 무신들이 왕을 바꾸고 권력을 잡았거든요. 그리고 어떤 일들이 벌어졌는지 함께 알아볼까요?

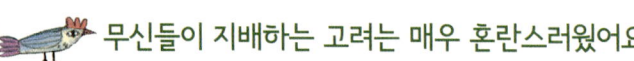
무신들이 지배하는 고려는 매우 혼란스러웠어요.

왕은 허수아비일 뿐 아무런 힘이 없었어요. 살기 어려워진 농민들과 노비들은 곳곳에서 봉기를 일으켰고요. 그러다 몽골까지 쳐들어와 고려는 큰 위기를 맞게 되었어요. 몽골의 군사들이 지나간 자리는 모두 잿더미로 변했어요. 또 몽골의 군사들은 남자들을 죽이고 여자와 아이들은 끌고 가 노예로 삼았지요. 계속되는 전쟁 때문에 고려의 백성들은 굶주리고 헐벗었어요.

무신들은 백성들을 모른 척하고 강화도로 도망갔어요.

이 어려움 속에서 무신의 최고 장군인 최우는 도읍지를 개경에서 강화도로

옮겼어요. 강화도는 섬이라 적군의 공격을 피할 수 있었거든요. 또 개경과 가까워서 여러 지방에서 올라오는 세금을 받기도 쉬웠어요. 최우와 무신들은 이렇게 강화도로 몸을 피하면서도 육지에 사는 백성들 생각은 하지 않았어요.

최우는 강화도에 개경을 그대로 옮겨 놓으려 했어요. 개경의 궁궐을 본떠서 궁궐을 짓고 성도 쌓았어요. 이것이 지금도 남아 있는 강화산성 성벽이에요. 최우의 무신 정권은 전쟁 중에도 이곳에서 호화로운 생활을 즐겼다고 해요.

몽골이 침략해 왔을 때 방어하기 위해 지은 강화도의 강화산성이에요.

강화 고려 궁지예요. 강화도로 도읍을 옮긴 다음, 개경의 궁궐을 본떠 지었어요.

한양에 세워진 위풍당당한 나라 조선

조선은 처음에는 고려의 수도였던 개경을 도읍지로 삼았어요. 조선은 지금까지 나라들이 새로 생길 때와는 조금 다르게 세워진 나라였어요. 지금까지는 오랜 전쟁을 하거나 여러 나라로 나뉘어 있었던 나라가 통일되면서 새 나라가 생겼어요.

하지만 조선은 이성계가 군대의 힘으로 반란을 일으켜 세운 나라예요. 그렇기 때문에 나라는 그대로인 채, 왕건의 왕 씨 왕조에서 이성계로 왕조의 주인만 바뀐 거지요.

태조 이성계가 왕위에 오르고 얼마 지나지 않아 도읍지는 개경

에서 한양으로 갑자기 바뀌었어요. 그 이유가 무엇일까요?

이성계는 고려의 왕족들과 고려에 충성을 바친 많은 신하들을 죽이고 왕이 되었어요. 그 일이 모두 개경에서 벌어졌기 때문에 새 나라를 세운 다음에는 개경을 떠나고 싶어 했어요. 또 개경에는 여전히 이성계를 반대하는 사람들이 많았지요. 흉흉한 소문까지 돌았어요.

"개경은 운수가 다한 곳이야. 그렇게나 많은 신하들이 여기서 피를 흘렸는데 귀신이 되어서 떠돌아다니지 않겠어?"

"맞아. 고려 왕 씨 임금들의 혼령이 떠돌기도 하겠지."

"수도를 옮기지 않으면 큰 난리가 일어날지도 몰라."

이성계는 이러한 소문들을 그냥 쉽게 넘길 수 없었어요.

'이곳에선 임금으로서 백성들의 마음을 얻기 쉽지 않겠군. 내 새로운 곳으로 옮겨 가 다시 시작하리라.'

이성계는 신하들에게 명령했어요.

"당장 도읍을 옮길 것이다. 좋은 곳을 찾아보아라!"

이성계의 명령으로 신하들은 나라 곳곳을 살펴보았어요. 신하들은 저마다 자기가 보고 온 곳을 임금에게 아뢰었어요.

"전하, 충청도 계룡산 일대가 어떨는지요?"

그러자 이성계가 총애하는 신하 하륜이 반대했어요.

"계룡산은 산이 깊고 평지가 좁습니다. 또 금강과도 멀리 떨어져 있어 교통이 불편합니다. 땅도 기름지지 않습니다."

"음, 그렇군. 그렇다면 다른 곳이 있는가?"

하륜은 무악이라고 대답했어요. 무악은 지금의 서울 연희동 뒤쪽이에요.

"풍수지리설에 따르면 이곳이 좋을 듯합니다."

하지만 이번에는 다른 신하들이 거세게 반대하고 나섰어요.

"아니 되옵니다. 그곳은 궁궐이 들어서기엔 너무 좁습니다."

"맞습니다. 그곳으로 갈 바에는 차라리 지금의 개경에 그대로 있는 것이 나을 듯합니다."

이성계는 고민에 빠졌어요.

'이 일을 어쩌지? 옳지! 무학 대사님께 도움을 청해야겠다. 왜 진작 그 생각을 하지 못했을까?'

무학 대사는 이성계가 임금이 된다는 것을 미리 알았던 스님이에요. 무학 대사는 풍수지리설도 잘 알았지요. 이성계의 부탁을 받은 무학 대사는 개경에서 남쪽으로 발길을 돌렸어요. 한양에 다다랐을 때, 무학 대사는 무릎을 탁 쳤어요.

 "산과 강의 모양이 아름답고 나라의 중심이 되는 곳, 바로 여기가 조선의 도읍지가 되어야 해."
 한양은 일찍이 백제의 첫 도읍지이기도 했어요. 고려 시대에도 남경이라 하여 제2의 도읍지 역할을 해 왔지요. 전국에서 세금으로 거둬들인 쌀이나 옷감을 한강 뱃길을 이용해 들여오기가 쉬웠거든요. 세금을 잘 거둬야 나라 살림을 잘 꾸려 나갈 수 있었으므로 한강이 있는 곳은 도읍지로 매우 좋은 조건이었어요.

무학 대사의 소식을 들은 태조 이성계는 서둘러 개경을 떠나 한양에 도착했어요. 급한 마음에 궁궐도 짓지 않고 무작정 내려왔지요. 이성계는 임시로 만든 숙소에 머물면서 무학 대사에게 궁궐을 지을 만한 터를 찾아 달라고 부탁했어요. 무학 대사는 궁궐터를 찾다가 한양 어느 곳에 이르렀어요.

"여기야! 땅의 모양을 보니 이곳에 궁궐을 짓는 게 좋겠어."

그때였어요. 어디선가 벼락 같은 소리가 들려왔어요.

"이런, 이놈의 소! 미련하기가 꼭 무학 같구나! 바른길을 버리고 지름길로 가려 하느냐! 괘씸한 것 같으니라고!"

무학 대사가 깜짝 놀라 쳐다보니 웬 노인이 소를 끌고 가며 호통을 치는 것이었어요. 노인은 언뜻 보기에도 보통 사람 같지 않았어요. 무학 대사는 얼른 쫓아가 땅에 엎드려 절했어요.

"어르신, 말씀 좀 여쭈어 보겠습니다."

하지만 노인은 뒤도 돌아보지 않고 소를 몰고 갔어요. 무학 대사는 다시 쫓아가 엎드렸어요.

"지금 어르신께서 소에게 무학이같이 미련하다고 하시는 말씀을 들었습니다. 제 생각에는 조선의 도읍으로 여기가 좋은 것 같은데, 아닌지요? 더 좋은 곳이 있는지 제발 가르쳐 주십시오."

무학 대사는 간절히 부탁했어요. 하지만 노인은 다시 고개를 돌렸어요.

"내가 그런 것을 어찌 알겠소. 난 그저 소를 모는 노인이라오."

하지만 무학 대사가 여러 번 부탁하자 노인은 입을 열었어요.

"여기서 서쪽으로 십 리만 더 들어가시오. 그러면 알 것이오."

무학 대사는 공손히 절을 하고 황급히 십 리를 걸어 들어갔어요. 뒤쪽으로 병풍처럼 산이 있는 그곳은 궁궐을 세우기에 딱 좋

은 곳이었어요. 그곳이 바로 지금의 경복궁 자리예요.

한편, 무학 대사가 노인을 만난 곳은 노인이 "십 리만 더 가라."고 하였다 해서 '왕십리'라는 이름이 붙여졌어요.

이성계는 곧 새 도읍지를 세우기 시작했어요. 먼저 궁궐부터 짓기 시작했지요. 새 도읍지 한양은 철저하게 계획을 세워 지었어요. 새 궁궐은 뒤로는 북악산, 앞으로는 남산, 왼쪽으로는 낙산, 오른쪽으로는 인왕산을 거느린 곳에 지어졌어요. 이것이 지금의 경복궁이에요.

궁궐과 함께 궁궐을 둘러싸는 궁성도 쌓았어요. 성의 동서남북 네 곳에는 사람이 드나드는 문을 내었지요. 건춘문, 영추문, 광화문, 신무문이에요. 조선 시대에는 왕이 언제나 남쪽을 향하고 나라를 다스려야 한다고 생각했어요. 그래서 남쪽 문인 광화문 밖으로 큰길을 내고 길 양쪽에 신하들이 일을 보는 관청을 세웠어요.

도읍지 한양 전체를 에워싸는 성도 쌓았어요. 이때에 성 쌓기는 매우 힘든 일로, 전국에서 데려온 힘센 장정들이 1년 동안이나 일을 해서 완성되었어요. 이 성은 한양을 한 바퀴 빙 돌아 지어졌는데 방향마다 4개의 대문을 내어 사람들이 드나들게 했어요. 이렇게 성벽을 쌓는 동안 다른 한편에서는 집을 짓고 길을 닦고 상점

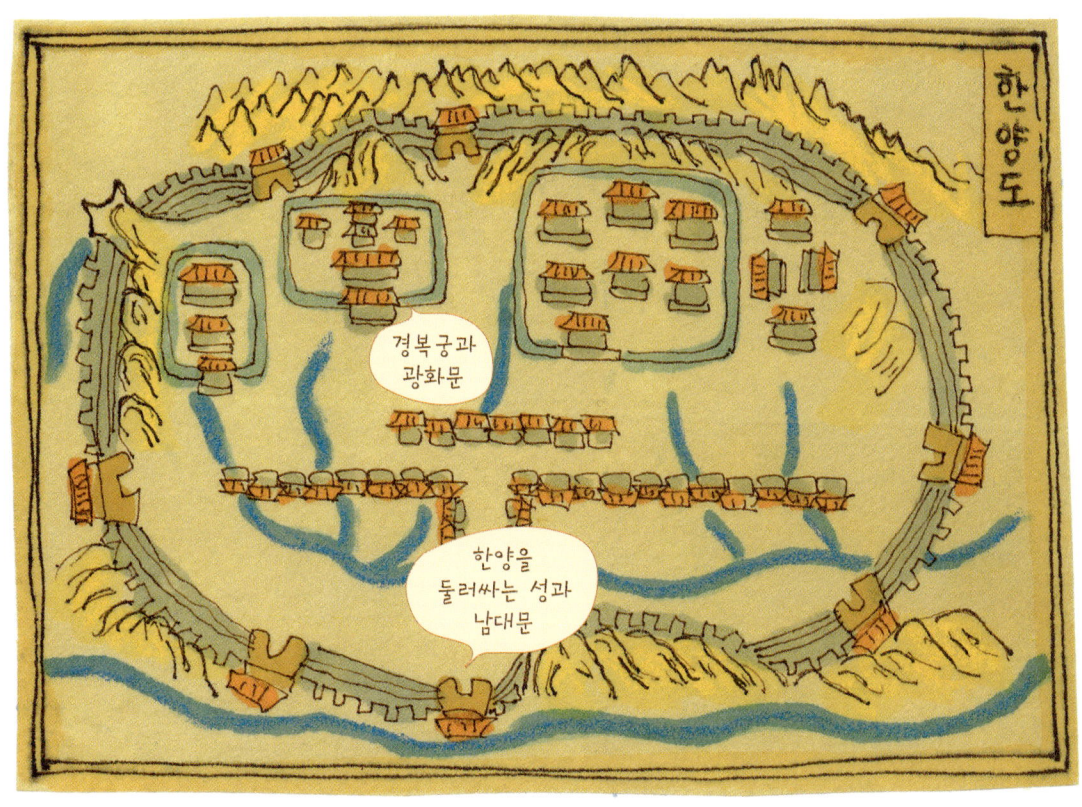

을 세웠어요. 이렇게 해서 마침내 새로운 도읍지가 완성되었어요.
　새 도읍지는 '한성'이라고 했어요. 한성이 오늘날의 수도 서울로 이어졌지요. 물론, 지금의 서울은 한성에 비하면 몇 배나 더 커요. 한성이 서울로 불리게 된 것은 1945년 일본에게 빼앗긴 우리의 주권을 되찾은 다음부터예요. 서울은 '수도'라는 뜻의 우리말이랍니다.

백두 낭자·한라 도령과 함께 찾아가는 우리 옛 도읍지

조선 시대 대표적인 궁궐인 경복궁

조선의 궁궐은 경복궁 하나만이 아니라 창덕궁, 창경궁, 경희궁, 경운궁 등 많은 궁궐이 있었어요. 조선 시대 임금은 한 궁궐에서만 살지 않고 이 궁궐 저 궁궐로 적어도 몇 년에 한 번씩은 옮겨 다녔거든요. 왜 그랬을까요?

 임금이 궁궐을 옮긴 가장 큰 이유는 정치 때문이에요.

이성계가 새로운 정치를 하기 위해 도읍을 옮겼던 것처럼 조선의 임금들은 궁궐을 옮기면서 새로운 분위기로 신하들을 꾸려 나갔어요. 물론 불이 나거나

뒤로 인왕산과 북악산을 거느리고 있는 경복궁의 모습이에요.

전염병이 돌 때에도 이사를 했어요.
　경복궁은 조선 시대에 제일 처음 지어진 궁궐이에요. 궁궐의 정문인 광화문으로 들어가면 승인문이 나와요. 승인문 안쪽의 근정전은 왕과 신하들이 조회를 하던 곳이에요. 앞마당에는 정1품부터 9품까지의 품석이 세워져 있는데, 신하들이 거기에 서서 조회를 했답니다.

 **조선 정치의 중심이었던 근정전과 경복궁을 더 알아볼까요?**

　근정전이라는 이름은 정치를 부지런히 한다는 뜻이에요. 국가의 중요한 행사였던 임금 즉위식도 이곳에서 거행되었어요. 근정전 뒤로는 임금이 일을 보던 사정전이 있어요.
　경복궁은 조선을 대표하는 궁궐이지만 정작 임금은 이곳에서 얼마 살지 않았어요. 임진왜란 때 불에 탄 뒤로 300년 동안 폐허로 남아 있었거든요. 그동안 임금들은 주로 창덕궁에서 살았어요.
　경복궁은 흥선 대원군 때 다시 세워졌으나, 일제 강점기에 일본이 다시 크게 파괴했어요. 지금의 경복궁은 여러 차례 복원을 해 예전 모습을 되살린 것이랍니다.

조선 정치의 중심이었던 근정전이에요.

부록

교과가 튼튼해지는
우리 것 우리 얘기

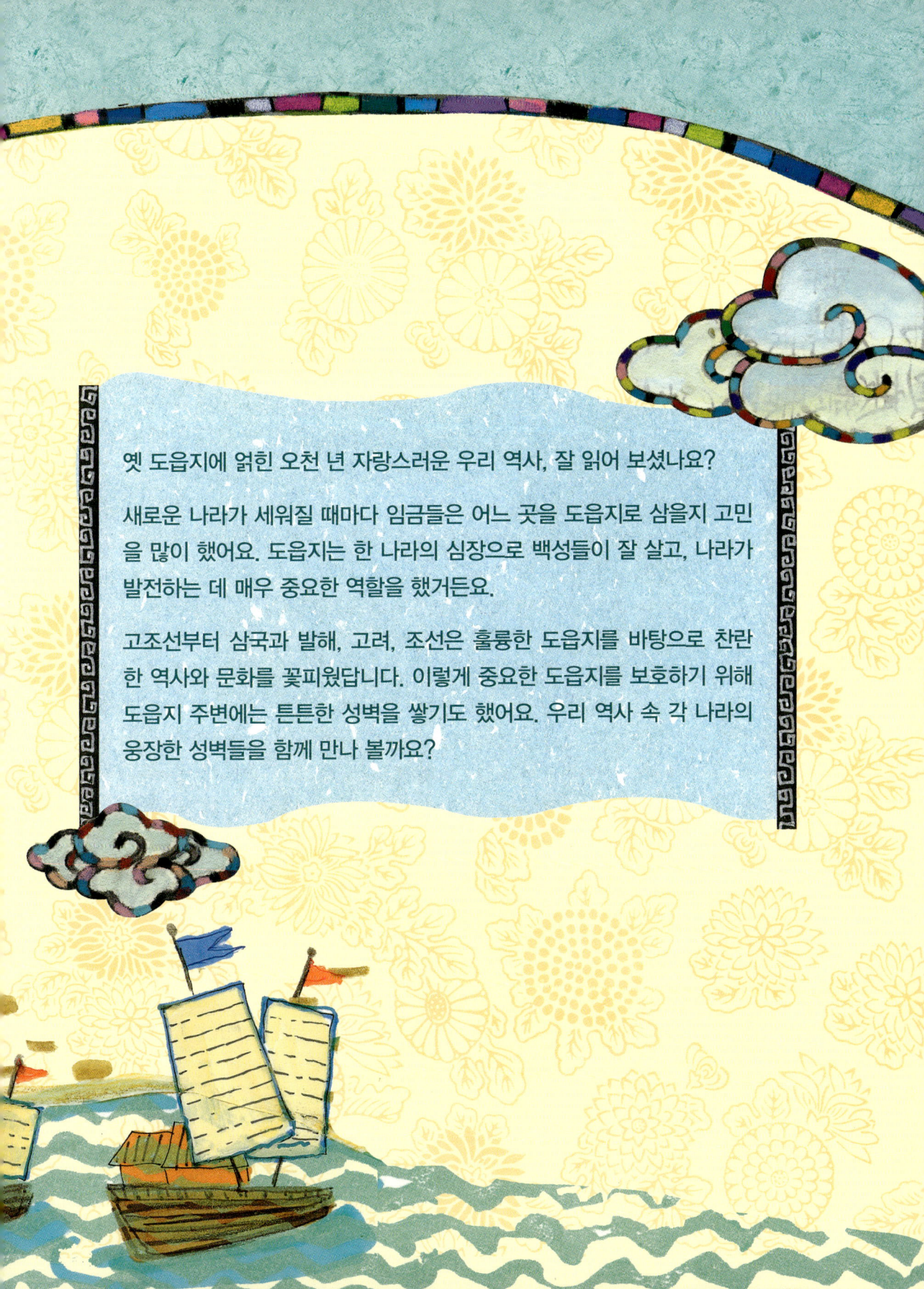

옛 도읍지에 얽힌 오천 년 자랑스러운 우리 역사, 잘 읽어 보셨나요?

새로운 나라가 세워질 때마다 임금들은 어느 곳을 도읍지로 삼을지 고민을 많이 했어요. 도읍지는 한 나라의 심장으로 백성들이 잘 살고, 나라가 발전하는 데 매우 중요한 역할을 했거든요.

고조선부터 삼국과 발해, 고려, 조선은 훌륭한 도읍지를 바탕으로 찬란한 역사와 문화를 꽃피웠답니다. 이렇게 중요한 도읍지를 보호하기 위해 도읍지 주변에는 튼튼한 성벽을 쌓기도 했어요. 우리 역사 속 각 나라의 웅장한 성벽들을 함께 만나 볼까요?

오천 년 우리 도읍지를 지킨 도성들

도읍지는 그 나라의 심장 역할을 하는 매우 중요한 곳이에요. 그래서 도읍지를 빼앗기는 것은 그 나라 전체를 빼앗기는 것과 마찬가지였지요. 이렇게 중요한 도읍지의 주변으로는 예로부터 튼튼한 성벽을 쌓았는데, 그것을 도성이라고 해요.
오천 년 우리 도읍지를 지켜 온 도성들에 대해 알아볼까요?

고조선의 왕검성

고조선의 도읍지 아사달을 지킨 도성이에요. 고조선을 세운 단군왕검의 이름을 따서 왕검성으로 불렸지요. 왕검성은 흙으로 쌓아 올린 토성으로 높이는 약 15미터였어요. 위엄 있는 모습에 규모가 매우 컸을 것으로 추측되지요.
왕검성은 거대한 중국 한나라의 공격을 1년 동안 꿋꿋이 버텨 내며 고조선을 지켰어요. 하지만 기원전 108년, 고조선의 귀족들이 싸움을 하느라 나라 힘이 약해지면서 한나라에게 결국 무너져 버렸답니다.

왕검성은 지금 남아 있지 않아요. 고조선의 도읍지가 구월산이었을 거라고 짐작될 뿐이에요.

고구려의 평양성

고구려 도성은 산에 쌓는 산성과 평지에 쌓는 평지성이 하나로 이루어져 있어요. 왕궁 주변 평지에는 성을 쌓고, 왕궁 뒤쪽 산에는 산성을 쌓아 도읍지를 보호했지요. 이러한 도성의 구조는 전쟁이 나거나 긴급한 일이 벌어지면 왕궁 뒤쪽 산성으로 도망칠 수 있다는 장점이 있어요.

평양성의 길이는 약 23킬로미터에 달하며 지금도 평양 시내를 둘러싸고 있답니다.

신라의 명활산성

신라의 도읍지 금성은 1,000미터가 넘는 높은 산들로 둘러싸인 분지에 자리 잡고 있어요. 따라서 왕궁 주변에 따로 도성을 쌓을 필요가 없었지요.
대신 동쪽에 명활산성을 두어 도읍지 금성을 지키는 역할을 하게 했답니다.

백제의 몽촌토성

백제의 시조인 온조가 도읍으로 정한 위례성은 지금의 한강 근처로 추측돼요. 지금도 서울 송파구의 올림픽 공원에 가면 백제 도성의 흔적을 찾아볼 수 있지요. 바로 몽촌토성이에요. 몽촌토성은 자연 그대로의 언덕에 흙을 6~7미터 높이로 쌓아 올린 성이에요. 왕궁 주변에 굵직한 나무로 울타리를 두르고, 성 밖의 땅을 파 연못을 만들었답니다.

고려의 나성

고려의 도읍지 개경은 송악산 아래에 자리 잡고 있었어요. 개경을 둘러싼 성은 나성이지요. 나성은 도읍지와 백성들의 집, 논밭을 둘러싸는 외곽의 성으로 돌이나 흙으로 만들었어요.
개경의 나성은 거란족의 침입이 거세어질 때 만들어지기 시작해 20여 년이나 걸려 현종 때 비로소 완성되었답니다.

조선의 도성

조선의 도성은 한양의 동서남북에 있는 북악산, 인왕산, 남산, 낙산을 연결했지요. 동서남북에는 4대문을 두고 중간 중간에 4소문을 두어 한양을 철저히 지켰어요.

한양을 지키는 성은 매우 중요해 철저하게 관리하는 것이 나라의 커다란 일이었어요. 세종 때에는 32만 2천여 명의 사람들이 남산에서 인왕산에 이르는 성벽을 다시 쌓는 공사를 벌였어요. 또 숙종 때에는 인왕산과 낙산을 잇는 부분을 다시 쌓았지요.

하지만 일제 강점기에 일본이 도성 곳곳을 파괴해 4대문 일대의 성벽은 이제 거의 남아 있지 않아요. 지금도 도성 복원 작업을 꾸준히 벌이고 있지만 안타깝게도 복원해 내지 못한 부분이 많답니다.

북악산에 남아 있는 조선의 도성이에요.

〈오십 빛깔 우리 것 우리 얘기〉 시리즈
권별 교과 연계표

국 국어 **사** 사회 **과** 과학 **도** 도덕 **음** 음악 **미** 미술
체 체육 **실** 실과 **바** 바른 생활 **슬** 슬기로운 생활 **즐** 즐거운 생활

- 신 나는 열두 달 명절 이야기   사 3-2   사 5-1   사 5-2   슬 1-2
- 관혼상제, 재미있는 옛날 풍습   국 1-2   국 4-1   사 3-2   사 5-2
- 조상들은 어떤 도구를 썼을까   국 2-2   사 3-1   사 5-1   사 5-2
- 옛날엔 이런 직업이 있었대요   국 5-1   국 6-2   사 3-1   사 4-2
- 꼭 가 보고 싶은 역사 유적지   국 4-1   국 4-2   사 6-1   사 6-2
- 신토불이 우리 음식   국 3-1   사 3-1   사 5-1   사 6-2
- 어깨동무 즐거운 우리 놀이   국 4-1   사 5-2   체 4   즐 1-2
- 나라를 다스린 법, 백성을 위한 제도   사 3-2   사 4-1   사 6-1   사 6-2
- 하늘을 감동시킨 효자 이야기   도 3-1   도 5   바 1-1   바 2-2
- 오천 년 지혜 담긴 건물 이야기   국 4-1   국 4-2   사 5-1   사 5-2
- 세계가 놀란 발명 이야기   국 3-1   국 5-2   사 3-1   사 5-2
- 빛나는 보물 우리 사찰   국 4-1   사 6-2   바 2-2
- 나라의 자랑 국보 이야기   국 5-2   사 6-1   사 6-2   바 2-2
- 나라를 지킨 호랑이 장군들   국 4-2   국 6-1   사 6-1   바 2-2
- 오천 년 우리 도읍지   국 4-1   사 5-2   사 6-1
- 하늘이 내린 시조 임금님들   국 6-2   사 5-2   사 6-1   바 2-2
- 옛날 관청과 공공시설   사 3-1   사 3-2   사 6-1   사 6-2
- 옛사람들의 우정 이야기   국 4-1   국 6-2   도 3-1   바 1-1
- 얼쑤, 흥겨운 가락 신 나는 춤   국 6-1   국 6-2   사 3-1   음 3
- 아름다운 독도와 우리 섬   국 2-1   국 4-1   국 5-2   사 4-1
- 본받아야 할 우리 예절   국 3-2   도 4-1   바 2-1   바 2-2

- 놀라운 발견, 생활의 지혜　국 2-1　국 2-2　사 3-1　사 5-1
- 옛사람들의 교통과 통신　사 3-2　사 4-1　사 5-2
- 머리에 쏙쏙 선조들의 공부법　국 4-1　국 4-2　국 6-2　도 3-1
- 우리 국토 수놓은 식물 이야기　국 1-1　국 5-1　과 4-2　바 1-2
- 큰 부자들의 경제 이야기　사 3-2　사 4-2　사 5-2　슬 2-2
- 생명의 보물 창고 우리 생태지　국 2-1　국 4-2　바 1-2　슬 1-1
- 우리가 지켜야 할 천연기념물　국 2-1　바 2-2
- 안녕, 꾸러기 친구 도깨비야　국 2-2　국 3-1　국 4-1　사 5-2
- 오천 년 우리 강 이야기　사 3-2　사 6-1
- 교과서 속 우리 고전　국 3-1　국 4-2　국 5-1　국 6-2
- 알쏭달쏭, 열두 가지 띠 이야기　국 3-1　사 3-2　사 5-2　사 6-1
- 빛나는 솜씨, 뛰어난 재주꾼들　국 4-2　사 6-1　음 4　미 3, 4
- 수수께끼를 간직한 자연과 문화　국 4-1　사 5-2　바 2-2
- 옛사람들의 근검절약　국 6-2　사 4-2　도 5　실 5
- 민족의 영웅 독립운동가　국 6-2　사 6-1　바 2-2
- 우리 조상들의 신앙 생활　국 5-2　사 3-2　사 5-2　사 6-1
- 정다운 우리나라 동물 이야기　국 2-1　국 2-2　국 6-1　과 3-2
- 멋스러운 우리 옛 그림　국 4-2　사 6-1　미 3, 4　미 5
- 전설따라 팔도명산　국 2-1　국 2-2
- 방방곡곡 우리 특산물　사 3-1　사 4-1　사 5-2
- 아름다운 궁궐 이야기　국 4-1　사 6-1　미 5　바 2-2
- 역사를 빛낸 여자의 힘　사 6-1　바 2-2
- 신명 나는 우리 축제　사 3-1　사 4-1
- 우리가 알아야 할 북한 문화재　사 5-2　사 6-1　바 2-2
- 봄, 여름, 가을, 겨울 24절기　사 5 1　사 6-1　과 6-2　슬 6-2
- 나누는 즐거움 우리 공동체　도 4-1　바 2-2
- 이야기가 술술 우리 신화　국 1-2　국 6-2　사 3-2　사 5-2
- 흥겨운 옛시조 우리 노래　국 6-2　사 5-2　음 3　음 6
- 조상들의 지혜, 전통 의학　국 5-1　국 6-2

오십 빛깔 우리 것 우리 얘기 15
오천 년 우리 도읍지

초판 1쇄 인쇄 | 2011년 1월 26일
초판 4쇄 발행 | 2021년 3월 17일

글쓴이 | 우리누리
그린이 | 강희준

발행인 | 이상언
제작총괄 | 이정아

디자인 | 조성이

발행처 | 중앙일보에스(주)
주소 | (04513) 서울시 중구 서소문로 100(서소문동)
등록 | 2008년 1월 25일 제2014-000178호
문의 | (02) 2031-1121
홈페이지 | jbooks.joins.com

ⓒ 우리누리, 2011

ISBN 978-89-278-0108-5 14800
      978-89-278-0092-7 14800(세트)

• 이 책은 저작권법에 따라 보호받는 저작물이므로 무단 전재와 무단 복제를 금하며 책 내용의 전부 또는 일부를 이용하려면 반드시 저작권자와 중앙일보에스(주)의 서면 동의를 받아야 합니다.
• 책값은 뒤표지에 있습니다.
• 잘못된 책은 구입처에서 바꿔 드립니다.

주니어중앙은 중앙일보에스(주)의 어린이 책 브랜드입니다.